前言

　　成功的销售员来自于"见微知著"。美国一项调查表明，一般那些超级销售员的业绩是普通销售员业绩的300倍。在大多数的企业里，80%的业绩是由20%的销售员创造出来的，而这20%的人也不一定就是俊男靓女，也并不一定都能言善辩，唯一相同的就是他们都拥有迈向成功的方法，尽管他们那些方法不可能完全相同，但却有其共同之处，那就是掌握了销售的细微的技巧，并且洞悉了客户那些细微的心理。

　　日常生活中，我们或许都知道这样的一个事实：你想要钓到鱼，其中最重要的东西就是鱼饵了。因为，不同种类的鱼对于鱼饵的喜好也不同。因此，你就必须熟练地操纵鱼竿，也还要站在鱼儿的立场上去思考它们喜欢吃什么。

　　"细节决定成败。"这同样是销售行业的一句名言。实际上，每个销售员从一开始都在找寻成功销售的细节，他们会在预约、拜访、签单等环节做很多次模拟，目的就是熟练掌握销售的每个细微的技巧；同样，销售员找到客户直到完成交易，他所需要的不仅仅是细致的安排和周密的计划，更需要和客户进行心理上的交战，所以从这个角度来看，销售人员必须要了解客户的心理，才能更好地完成自己的销售工作。

　　同理，作为一名销售人员，要想找到你的客户，你就要学习一些销售的技巧，并且站在客户的角度思考问题，弄清楚客户的心里到底在思考些什么，这样你才能更好地提升你的业绩。

由此可见，在销售过程中，你不要觉得学习销售技巧和研究客户心理是在浪费你的时间，其实掌握每一个细微的销售技巧，研究客户购买的流程、动机和原因，比那些费尽口舌却不讨好的推销方法要有效得多。而作为一名销售人员，你只有掌握了客户的心理，再加上熟练的销售本领，才能在迅速变化的市场中占有一席之地。

但是，在日常的销售活动当中，很多销售人员却都忽略了一些细微的东西，也导致精心准备的销售活动功亏一篑，令人叹惋。然而，所有的销售人员都应该知道，销售工作是面对人的，可以说顾客就是市场。因此，销售人员在销售过程中应知道客户是如何想的，这比什么都重要。那些不懂销售技巧和客户心理学的销售人员，却往往会使精心准备的销售活动起到适得其反的效果。

人是一面镜子，你用什么态度对待客户，客户就会用什么态度对待你。销售人员与客户相处时也是如此，你对客户的态度也就是客户对你的态度。不要认为自己有一定的实力和地位就可以让客户更加尊重你，虽然客户不会当面对你进行评价，但客户私下里对每位销售人员都会有自己的评价，而这种评价取决于销售人员对客户的态度和销售人员自己的能力。

本书是一本结合销售实践和最新心理学研究成果的实用工具书，对销售人员在销售的过程中的一些细微的销售技巧，客户的一些细微的不同心理，以及销售人员应该怎么去面对客户等方面都做了详细的介绍，相信会对销售人员的工作有着很强的指导作用。

上 篇　销售那点微技巧

准备工作不做好，客户怎会找上门……………………… 2

　树立自己良好的第一印象 ……………………… 3

　注意行为细节，举手投足备受青睐 ……………… 6

　每个表情都要力求到位，那是销售的面子 ……… 9

　记住对方名字，他一定对你刮目相看 ………… 12

　了解对方兴趣点，构思"眼前一亮"的开场白 …… 16

　客户信息，一个都不能少了 …………………… 18

　敏锐思考，看看对方需要什么 ………………… 22

　选择最合适的见面小礼物 ……………………… 25

　假想 N 多拒绝，再假想一下怎样应对 ………… 27

产品要包装，销售人员形象要精装……………… 32

　树立自己良好的形象 …………………………… 33

　稳重是销售者的必备素质 ……………………… 36

　让你的礼仪为你赢得业绩 ……………………… 39

　诚信是销售的第一把利剑 ……………………… 42

　在脑门上刻一个"忠"字 ……………………… 45

扎起头发，发型帮你提高销售额 …………………… 47

不要让服饰影响了你的销售业绩 …………………… 50

站出优雅，销售的时候更有气场 …………………… 54

交谈是把双刃剑，运用合理才促销 ………………… 58

准确了解每位客户的需求 …………………………… 58

满足客户需求的 19 个要点 ………………………… 61

客户最关心的是产品的好处 ………………………… 62

销售虚夸遭拒绝，实话实说被接纳 ………………… 65

认真观察客户，投其所好没什么不好 ……………… 68

手势也是一种不错的语言 …………………………… 71

赞美——全球畅通无阻的通行证 …………………… 74

开场白，精彩拉近与客户之间的距离 ……………… 78

打断客户的话就是在打翻自己的产品 ……………… 81

人脉网即销售网，用心布设和扩展 ………………… 85

每位客户都更看重售后服务 ………………………… 86

有一些售后跟进服务客户会更高兴 ………………… 87

利用好售后跟进服务的礼仪 ………………………… 89

认真对待客户身边的每个人 ………………………… 91

你能做到和他人共享成功吗 ………………………… 95

重视人际关系，让销售不再难 ……………………… 98

友善地对待每位潜在客户 …………………………… 101

要老客户帮忙介绍新客户 …………………………… 104

问候客户别吝啬，目的性别太强 ·············· 107

下 篇 客户那点微心态

我是你的朋友，但我更是你的客户 ··············· 112

把客户"摆"高些，他们才舒心 ·············· 113

出现尴尬，主动给客户找台阶下 ·············· 116

满足他们的优越感 ························· 119

客户不喜欢承担风险，你能做到吗 ·············· 122

客户可以指责你，你却不能责备他 ·············· 124

你肯为他着想，他就会买你的产品 ·············· 127

谁让客户方便谁就有钱赚 ··················· 130

不同群体分类，不同舒适标准 ················ 134

客户喜欢那些热情诚恳的人 ··················· 137

主动对客户微笑，他们才喜欢你 ·············· 138

千万不要虚情假意，客户能看出来 ·············· 140

好奇心是客户注意你的前提 ················· 144

热情地去联系客户，他们才不会烦 ·············· 147

巧妙的预约是迈向成功的第一步 ·············· 150

适当地给客户一些好建议 ··················· 153

想方设法消除客户的疑虑 ··················· 156

客户也需要你认真地聆听 ··················· 160

客户内心都有秆不公平的秤 ·· 162

客户对销售员的戒备心理 ·· 163

客户更喜欢对价值的衡量 ·· 165

很多客户喜欢你的赠品 ·· 169

少花钱是客户的终极目标 ·· 172

客户会要求产品的完美性 ·· 175

售后服务好，自然吸引客户的注意 ································· 178

爱占小便宜就是客户的共同心理 ···································· 180

从众心理，客户的致命弱点 ··· 183

性价比，客户的根本尺度 ··· 186

调动情绪，客户甘愿"上钩" ·· 190

客户喜欢新鲜感，产品介绍切忌千篇一律 ················· 190

客户喜欢眼见为实的东西 ··· 194

适应客户的逆反心理才能成功 ······································· 197

越稀有越值得拥有 ·· 200

客户不会喜欢你的愁眉苦脸 ··· 204

客户生气你不气 ·· 207

客户不甘心接受你的强迫 ··· 210

突出功能性，让客户觉得"值" ······································· 213

上 篇
销售那点微技巧

准备工作不做好，客户怎会找上门

销售是一项很细致的工作，准备工作做得好，客户就会自动找上门来。相反，准备不充分，即使产品再好，也不能让客户信服，销售工作等于是无疾而终。

凡事"预则立，不预则废"。做好销售前的准备工作，不打无准备之仗，对于销售人员尤为重要。销售的短期准备包括在具体地做一项销售工作时，要了解销售区域、分析竞争对手、找到关键人物以及学习安排行程。

销售前的心理准备，包括在销售前销售人员必须认识到自我形象的重要性以及思考改变自我形象的方法，运用心理预演的方式和视觉化的想象把自己当成客户，站在客户的角度看待自己的销售和服务。

当然，销售前的准备工作还有很多，需要我们用微妙的心思去考量。优秀的销售人员销售成功的秘诀是什么呢？其实答案很简单，就是做好准备工作，让客户主动找上门来，这是走好成功营销的第一步。

树立自己良好的第一印象

第一印象对于销售人员来讲作用到底有多大？恐怕这是你难以想象的。人与人第一次见面都会产生第一印象，尤其是对于销售来讲，第一印象效应不仅关乎销售的成败，更是销售人员素质的体现方式之一。因此，千万不要小看第一印象的作用，它是无可替代的销售的微技巧之一。

销售人员在客户心中能否留下良好的第一印象，这在很大程度上影响着客户是否会购买你的产品，一个合格的销售人员会想尽办法给自己的客户留下良好的第一印象，因为他们知道要想推销掉自己的产品必须先推销自己，只有先将自己成功地推销给客户，客户才可能来购买自己的产品。同样，销售人员更是应该记住这样一句话——"形象就是自己的名片"。

心理学家将第一印象命名为"首因效应"，也就是在第一次见面的时候，给对方留下的印象往往会根深蒂固地留在对方的脑海中。当然，如果你穿着十分得体，言语礼貌，举止也是比较优雅的，对方自然会被你的这种形象所感染，心生好感也是在所难免的。从而会认为你是个十分有修养、懂礼仪的人，进而就会很乐意与你交往。相反，如果你外在形象不是那么完美，给对方留下了不好的印象，对方自然不会想要与你交往。而对于一个销售人员来讲，"首因效应"更是十分重要，这关乎商品是否能够推销成功。

不管是在销售过程中还是在与客户的洽谈中，销售人员都应该尽力给客户留下良好的"第一印象"，从而博得客户的好感和认可。通过研究发现，提升自我形象的方面有很多，比如说着装、表情等。因此，销售人员在初次面见客户的时候，一定要注意这些可能会影响自己形象的方面，尽量将自己最优秀、最美好的一面展现出来，从而促使自己先得到客户的认可，然后再推销自己的产品。如果你给客户留下了不好的印象，那么客户会毫不客气地迁怒于你所推销的产品。

王强本是刚刚踏入销售行业的新人，他在销售方面的第一份工作就是销售太阳能热水器。上班的第一天，老板就指派给他一个很重要的任务，让他到一个很有钱的客户家里推销自己的太阳能热水器。因为那个有钱人又买了两套别墅，正在装修。在此之前已经有5位很有经验的销售人员去向有钱人推销过，但是都没有成功。

王强接到这个任务心中十分紧张，毕竟自己是刚刚入行，根本没有经验，当他站在客户家门口时，他能够感觉到自己按门铃的时候，自己的手在发料。门开了，是一位中年妇女，穿着自然也是与众不同。当听完他结结巴巴地做完自我介绍后，那位女士将他请进了屋。

王强在客厅中坐了有两个多小时，喝掉了将近10杯茶水，虽然他的表现十分的不自在，但是却出人意料地完成了任务，那位女士不仅当场和他签订了合同，还给他介绍了一位自己的朋友，说自己的朋友也有意购买太阳能。

要知道在此之前，那位女士已经连着打发走了3位上门推销太阳能的人员，而且他们的开价都要比王强的低得多。但是她为什么偏偏要购买王强的产品呢？原因其实是很简单的。那位女士说："我看到这个小伙子跟其他的销售员是不一样的，他很敦厚老实，而其他的都看起来很是圆滑，我喜欢这个小伙子。"

在这短短的两个多小时里，王强凭着他的礼貌、真诚和敦厚赢得了那位女士的信任，并最终谈好了这笔生意。他并没有口若悬河地夸夸其谈，也没有拿出所谓的优惠政策和折扣来吸引客户，更没有用花言巧语来蛊惑客户，也没有表现得低三下四、唯唯诺诺或者趾高气扬、目中无人，仅仅是靠自己正直的人格魅力来赢得了客户的信任。

王强之所以能够推销成功，凭借的就是自己的"首因效应"。如果没有自己好的第一印象，那么客户怎么可能选择购买王强的产品呢？在销售的过程中，第一印象往往能够起到关键性的作用。假如作为销售人员的你能够被客户喜欢，那么你的推销行为就成功了一半。

为此，销售人员想给客户留下好的第一印象，那么要注意哪些方面呢？

第一，注重自己的着装。销售人员的着装是有一定的要求，最基本的原则是要干净整洁，既要符合时尚的美感，又要符合自己的个性和工作内容，千万不要穿得太过张扬或者是独特，要通过你的着装体现出你的稳重和诚恳，这一点是十分重要的。在日本推销界流行一句话，"你若想要成为第一流的销售人员，就应该先从仪表修饰做起，先用整洁得体的服饰来装扮自己"。一个销售人员的着装不仅要合体整洁，更要通过着装让客户产生对你的信任。

第二，注意自己的谈吐举止。作为销售人员，在与客户说话的时候，态度一定要谦逊有礼，这是作为一个销售人员必备的素质之一。在通常情况下，人们都会对彬彬有礼的人产生好感。当然在与客户交谈的时候，有一些问题是一定要避免的，比如说话速度太快。如果你说话的速度太快，那么自然会影响到客户的心情。同样，在遇到一些专业名词的时候，要进行必要的简化或者是讲解，这样才能够让客户真正地了解你的产品。如果遇到吐字不清、语言粗俗的销售者，那么客户自然是不会产生好感的。而对你的动作也是有一定要求的，比如说切忌吐舌、舔嘴唇、脚不住地抖动、不停地看表等这些小动作的出现。

作为一名销售人员，不管你是以什么样的方式作为沟通的开始，也不管你的客户群是哪种人，"第一印象"都是销售之前必须学习的课程。因为在你销售产品的时候，你和产品其实已经融为了一体，甚至可以说，你就代表着你的产品，代表着你所在公司的形象。如若你不能够为客户留下好的第一印象，怎么保证你的客户会喜欢上你带来的产品和服务呢？

注意行为细节，举手投足备受青睐

很多人认为销售只是"嘴上功夫"，认为只要是说得到位，那么就能够推销成功，而一旦销售失败，往往会认为是自己说得不够到位。其实不然，销售本身就是一个工作者全方位的体现，尤其是在销售过程中的细微举动。这些举动往往是客户观察的重点，也是影响客户心理的关键因素。

也许你从未注意过，点点滴滴的细节问题很有可能是一把双刃剑，如果你能够注意到自己的行为举动，那么就会提升你的个人魅力。相反，如果你暴露出了你的缺点与不足，那么很可能会影响到你的销售业绩。我们经常听人们这样说，"一个人的容貌是天生的，那么其气质和修养就是靠后天塑造的"，而作为一名销售人员更是应该注意自己外在气质的表现和培养，要通过你举手投足之间来让你的销售变得更加完美。

销售人员的形象往往会关乎到产品的被信任程度，比如说一个销售人员的举止比较轻浮，那么给客户的感觉会是产品不可靠。销售人员能够通过自己的行为细节来影响到客户的内心，比如说一个销售人员在给客户介绍自己产品的时候，总是下意识地颤动自己的脚，这种小动作往往会让客户觉得推销人员不够稳重，从而会让客户觉得产品的质量可能会不够好。所以说，销售人员要想将自己的产品迅速地卖出去，那么不妨先将自己的形象打造好。

注意自己的小动作就是一种销售战略，千万不要认为自己的小动作是无关紧要的，更不要觉得只要自己的产品性价比足够高，就一定能够推销出去。虽然客户需要的是商品，但是如果你在推销细节上不能够吸引客户，那么客户怎么可能会对你的产品产生兴趣呢？

王帅兵是一名销售新手，他的第一份销售工作是卖电动车。因为竞争很激烈，他想要卖掉自己的产品还真是有一定的困难。

在他刚做推销的第一个月，老板就给他下达了销售任务：如果他当月销售数量少于5辆，那么就没有奖金可拿。王帅兵的一个同学为他介绍了一个客户，只是告诉了对方有想要买电动车的欲望，需要王帅兵上门去推销。要知道，上门推销对于王帅兵来讲还是人生第一次。

这天，他用下班之后的时间来拜访这位客户，事先他已经打了电话，确定了对方有买电动车的意图，但是因为自己当天着急坐车，忘了将工作服换下，又因为天气很热，他到了客户家中的时候已经是满头大汗。

他敲开门，迎接他的是一位年过50的阿姨，阿姨看到他很热的样子，便给他倒了一杯水。而王帅兵当时正好又热又渴，没几口便将水喝光了。那大口大口喝水的声音是那么的响，坐下之后还不停地掀动自己的上衣。那位阿姨要求他介绍一下自己的产品，王帅兵便开始介绍，没想到正当他介绍到一半的时候，他的手机竟然响了，他直接就开始接电话，与电话中的朋友聊了足足有10分钟，最后当他离开的时候，那位阿姨的态度发生了很大的变化，竟然直接拒绝了他的推销。

王帅兵的这次推销行为以失败告终，但是王帅兵实在不明白为什么那位阿姨不买自己的产品。后来，介绍给他客户的那位朋友告诉他说："你当时接电话，让阿姨等了10分钟，这让客户觉得你这个销售人员的素质不合格，既然企业的销售人员的素质都不合格，那么她怎么还会对你的产品产生信任呢？"

销售人员在外推销自己产品的时候，他的形象就是公司的形象，也是产品的包装体现之一。其实销售人员的推销行为不仅仅是推销产品，要知道你的产品再好，没有客户认同那也不管用，所以说只有把你自己销售给你的客户，客户认同了你，你的产品才会被认同。

那么作为一名销售人员，在面对你的客户的时候，要注意哪些细节举动呢？

第一，注意自己的礼貌动作。见到客户之后，礼貌问题是最值得关注的，这也是客户最在意的问题之一。如果一个推销人员连最基本的礼貌都不懂，那么谁还敢来买你的商品呢？比如说当销售人员见到客户的时候要主动地伸出自己的手，与其握手，这是必不可少的。再者，在入座的时候，要懂得让客户先坐下之后自己再坐，不要等着客户主动与你握手，更不要抢占客户的位置，自己先坐下，这些举动都是不能有的。

第二，注意接电话的细节。如果你正在与客户洽谈，或者是正在给客户介绍自己的产品时，那么这个时候最好不要接打电话，即便是你的手机不停地发出"嗡嗡"的振动声，如果不是特别重要的人，那么尽量不要当着客户的面接电话。如果真的是比较重要的事情，不得不接电话，那么要提前征得客户的同意，千万不可直接接电话。接听电话的时候，尽量缩短时间，因为你要考虑到客户的时间，不要让自己私人的时间占用了客户宝贵的时间。

不管是在生活中还是在销售的过程中，一个人的小动作或者是小细节都能够体现出一个人的人格魅力和性格。如果作为一名销售人员，不关注自己的小动作是否恰当，那么最终会影响到你的业绩。销售人员的举手投足之间都会影响到客户的判断。所以说，要想销售成功，就要让自己的行为举止为自己的销售起到推动作用。

每个表情都要力求到位，那是销售的面子

人都是感情动物，情感的自然流露就是人的本性。在销售的过程中，不管是笑逐颜开还是怒发冲冠，都是感情流露在面部的表现。如果销售员能在销售的过程中，善于察言观色，然后适时地做出完美的表情，就会圆满完成这次销售活动。

一个人的面部表情是最直观的内心表现。对于销售人员来讲，每个表情都关乎到这次销售的成败，因为你的表情会直接影响到客户对你的印象，如果销售人员的表情不够到位或者是不自然，那么自然会影响到客户购买的心理。不要小看了表情的魔力，客户由想要购买到不去购买，或者是客户由不去购买到最终决定去购买，都可能是因为一个小小的表情。

人的表情会随着情绪的变化而发生变化，作为一个销售人员有责任也有义务来完善自己的表情。表情是一种直观上的语言，通过表情来表达自己的内心，往往更有说服力。在销售的过程中，业务人员自然应该注意自己的表情，力求每个表情都能够精准到位，消费者自然会被你的表情所感染。

要让自己的表情更加精准到位，就要在日常生活中加以锻炼，这种锻炼并非是一朝一夕的事情，在日常生活中，销售人员应该刻意地去训练自己的表情，力求自己的表情能够更加得体。当然训练

自己表情的方式是多种多样的，一般情况下，销售人员在刚参加销售工作的时候都会有相应的培训工作，比如说照着镜子看自己的表情是否自然、大方，也会有专业的老师来对其进行培训，这些都是十分重要的步骤。

王娜娜在一家大型超市做牛奶销售工作，她每天都要面对很多的客户，同样的话语要讲解上百次，尤其是当推出新产品的时候，客户们都会询问产品的营养价值等方方面面。可以说她每天要面对上百名客户，而他们提出的问题大多是相同的。

王娜娜在开始从事这份工作的时候还算有激情，她都会微笑着为每位消费者去讲解，脸上丝毫不会有厌烦的表情。当然，她销售的产品量也是最多的。但是渐渐地，王娜娜似乎厌烦了这种重复性的询问和解答，她开始表现得不耐烦，脸上不再有热情的微笑，不管客户怎么好奇地询问，她都是面无表情地去解答，对于那些看似没有购买欲望的客户，她甚至懒得去多说一句话。可想而知，这种销售状态带来的结果是什么。

最终，因为王娜娜销售量不合格，连续两个月没有拿上奖金。可见面部表情对于销售人员来讲是多么的重要。

销售人员可能每天要面对成千上万的客户，面对客户的一一询问很有可能产生厌烦的心理，而这种厌烦心理会直接地体现在服务上和面部表情上。就如同王娜娜一样，正是因为她的表情与态度才影响到她的销售量，最终直接影响到她自身利益的获得。

那么，作为一个销售人员，要想让自己的表情做得到位，就要避免出现以下几种现象：

第一种，僵硬型表情。

脸上肌肉出现麻木，或者是面无表情，这种表情会给客户产生一种充满憎恶与敌意的感受。一般来讲，客户对销售人员的这种不到位的表情会产生成见，如果在生活中，我们对客户做出了这样的表情，客户往往是不敢轻易接近销售人员的，甚至会对你所销售的产品产生敌意。

第二种，厌烦型表情。

在销售的过程中，销售人员即便是再累，也不要在客户面前叹气、垂头丧气、眼神无主以及表现出一系列的无奈，等等。如果销售人员流露出这样的表情，很可能会给客户产生一种不信任的感受。此时客户就会对你所推荐的产品产生一种抵触心理，这种心理往往会导致交易的失败。

第三种，焦虑型表情。

销售人员脸上有明显的焦虑表现，此时销售人员还会伴随着一系列的动作，比如说手指不断敲打桌面、双手互捏、小腿抖动、坐立难安等动作，这些动作会加剧内心焦虑表情的流露，从而客户会觉得这个销售者不够稳重，很难信任销售者的为人，从而也会对你的产品或者是服务产生抵触心理。若是厌烦型表情没有得到理解，烦躁的情绪积累下去，也很可能发展为焦虑。

第四种，欺骗型表情。

销售人员如果在与客户交谈的时候，表现得喋喋不休，并且在他与客户交谈的时候往往会伴随着眼神飘忽不定、假笑等表情，这样总是会给客户带来一种不安全、不可靠的感受。应该去避免这种表情的出现，在笑的时候一定要真诚，如果不真诚，自然客户也是会感觉出来的。

推销并不是一种简单的活动，而是一门全方位的艺术展现，你的表情就是你展现自我的一部分。同时，你的表情是否到位，往往也会关系到你的形象问题。如果一个销售者不能够给对方留下良好的印象，那么你的产品在消费者心中的地位也会大打折扣。所以说，销售人员应该在日常生活中，尽量地完善自己的表情，让自己的表情精准到位，当然为了达到这个目的，可以选择一些专业的培训课程。不要小视表情的力量，让自己的表情变得更加完美，从而力争让自己的表情为自己的事业开创更为灿烂的前景。

记住对方名字，他一定对你刮目相看

成功学大师卡耐基曾这样说过："一个人的姓名是他自己最熟悉、最甜美、最妙不可言的声音，在交际中最明显、最简单、最重要、最能得到好感的方法，就是记住人家的名字。"由此可见，记住对方的名字是一个人走向成功的第一步。尤其是对于今天的销售人员来讲，要想让自己的销售活动变得更加顺畅，那么首先要做的第一步就是主动地去记住你客户的名字，准确地喊出对方的名字，这样客户一定会对你刮目相看。

记住对方的名字，并把它叫出来，就等于是在给对方一个很巧妙的赞美。对于很多销售人员来讲，记住客户的名字是十分重要的，但是很多销售人员也可能会认为这是小题大作，但不可否认的是，现代社会中人们希望被尊重、被承认的心态越来越强，而销售人员记住客户的名字，是直接表达自己对对方的尊重之情的表现，同时，使自己赢得对方的好感，你所做的只不过是记住一个名字，天底下没有比这更简单的事了。

心理学家研究发现，当听到别人叫自己名字的时候，人的内心都会产生一种莫名的喜悦感和满足感，当人们每一次听到或看到自己的名字时，内心都会产生一种膨胀的喜悦感。所以说作为一名销售人员要想让自己的销售更加顺利，首先要记住客户的名字，这样不仅能够瞬间拉近你与客户的距离，还能够让你在瞬间赢得对方的好感，更是表达你尊重对方的最直接体现。

不管是在销售过程中还是在生活中，每个人对自己的名字都非常感兴趣，当对方得知你能够准确顺畅地喊出自己的名字之后，自然也会对你感兴趣，这是一种互动也是一种反作用力，而作为一名销售人员，当客户对你感兴趣的时候，也就是间接地对你的产品或服务感兴趣，这样一来你的销售活动自然也能够变得比较顺畅。

丽娜是一名售楼小姐，她已经有 3 年的工作经验了，她通过自己的销售经验说道："在我们售楼的过程中，一定要记住客户的名字，尤其是对于那些有意愿购楼的客户，在第一次见面之后，就要记住对方的基本信息和姓名，利用这个技巧，客户是永远不会厌倦的。同时，这也可以缓解客户的紧张心理，并且能够缓和彼此意见的对立；与此同时，也会让客户觉得你的服务是与众不同的。"

丽娜自豪地说道："我的销售业绩也算是不错的，这和我能够准确地记住客户的名字是分不开的。记得一次一位客户买房子的意图并不大，但是他之前已经来我们售楼中心咨询过一次，第二次来的时候是陪着朋友来的。当时我看到他就认出了他，然后上前直接对他说'您就是上星期来咨询过的李文竹先生吧'，我这句话一说出口，当时客户惊呆了，他说他根本没想到我能够记住他的名字，后来我和客户之间的距离瞬间拉近了，最终的结果十分有趣，他的朋友没买楼，他却买了一套三居室的。"

著名的摩托罗拉公司告诉自己的员工，如果销售人员能够准确地记住企业老客户的姓名，并在其再次光临时能立即叫出他的名字，这种行为会很有效地提高客户的满意程度。丽娜之所以能够在售楼中取得不错的业绩，这和她记住客户的名字这条诀窍是分不开的，如果能够准确地记住客户的名字，那么最终要想实现推销成功也并不是一件难事。

王正华是一名办公用品的销售员，他曾经遇到了一个名字，这个名字非常难念，那位客户的名字叫做董漾塈。因为很多人记不住他的名字，便会直接称呼他为小董，但是王正华却特别用心地反复念了几遍他的名字，然后记住了这位客户的名字。

当王正华见到这位先生之后，便面带微笑地说："早上好，董漾塈先生，很高兴再次见到您。"

董漾塈听到王正华的问候之后简直是目瞪口呆了。过了几分钟，他都没有答上话。

最后，董先生热泪盈眶地说："小王，我在这个城市已经有5年的时间了，很多人都因为记不住我的名字，便直接叫我小董，而我却没想到你能够在见过我一面之后，便喊出我的名字，我真的很开心。就因为你对我的在意和尊重，我决定先跟你签订10万元的合同。"从那之后，这位董先生也成了王正华的老客户。

每个人都希望得到对方的尊重，客户更是如此，而作为一名销售人员，如果想要让客户感受到你对他的尊重，那么最直接的办法就是在第二次见面的时候准确地喊出对方的名字。虽然这是一个很小的细节，却能为一个出色的销售代表铺垫成功之路。其实，作为一个专业的销售人员，能够准确地记住别人的名字是最基本的礼貌，也是对别人最起码的尊重。当然很多销售人员都想要记住客户的名字，但是由于各种原因总是无法做到"对号入座"，那么如何才能够准确地记住别人的名字呢?

第一,记住对方的显著特征或者是特有标准,做到人与名字对号入座。在第一次见到这位客户的时候,作为销售人员就要开始下工夫了,那就是要记住对方的主要特征,或者是对方的显著特征,比如说客户的眼睛、客户的声音。当你知道这位客户名字之后,就要下意识地将对方的名字与特征联系起来,这样在第二次见到这位客户的时候,才能够在你的潜意识中蕴含对方的名字。

第二,了解对方的资料,加深印象。对于很多人来说,记住一个人的容貌并不难,可要记住一个人的名字就不那么容易了。作为一名销售人员在销售的过程中,要想很好地记住对方的名字,那么就要对客户的资料进行了解,尤其是当你有对方的相关档案之后,更是应该不时地翻看一下,因为在你了解对方资料的同时就已经对客户产生了更深的印象,这种印象绝非是刻意去记忆的,而是一种自然而然的过程。在第二次见到这位客户的时候,你自然能够知道对方的姓名。

第三,对于难念的名字,要多次记忆。很多人的名字都并不好记,而有的客户更是没有那么明显的个人特征,在这个时候就要主动地去记忆,多次翻看对方的名片或者是资料,以此来加深对这位客户的印象。

在销售过程中,许多销售代表会叹气说:"我最不会记人名了,即使是昨天见过的客户,今天就想不起来对方叫什么了。"好像人的记忆力天生就有强弱之分似的,但是,这绝对不是记忆力所能够控制的事情。能够记牢对方的姓名,不仅是销售的基本礼仪,也是促使客户对你产生良好印象的最好方法,这种本领,在销售过程中大有好处。

了解对方兴趣点，构思"眼前一亮"的开场白

开场白通常是指销售人员与客户见面的时候，在前两分钟与客户交流的内容。虽然开场白在你销售的过程中，所占用的时间比较短，但是它的重要性却是比较大的；虽然在生活中，我们经常会讲，不能用第一印象来评判一个人，但是作为一名销售者，客户往往会通过第一印象来对你作出评判，而你的开场白又是他们作出评判的关键性依据。

在做销售工作的过程中，我们除了要对老客户进行日常联系之外，还要不断地去开发新的客户，无论面对老客户及新客户，也无论是每一次电话拜访还是面访，都离不开"开场白"。对于销售者而言，第一印象十分重要，而决定第一印象的关键一步就是准备一场精彩的开场白。你的开场白要能够勾起客户的兴趣点，而要达到这种效果，必然需要提前了解客户的兴趣点在哪里。

好的开场白不仅会使客户对你有个好的印象，或者对你的拜访更加感兴趣，更是成功销售的开始，反之，如果你的开场白是那么的一般或者是毫无创新，很可能会引起客户的反感。比如，在很多电话销售的过程中，很多销售人员往往会上来就说："您好，请问您股票最近做得怎么样，我们是某某理财基金，可以免费帮助您诊断目前手中的股票。"对于这种很直接又很常见的开场白，往往是无法吸引客户注意的，也很难对你的销售形成积极的印象。

作为一名销售者，最重要的就是要了解客户的心中所想，也就是要知道客户对什么感兴趣。如果知道了客户的兴趣点，在你设计开场白的时候就能够轻而易举地去了解对方的内心，如果不能够很好地设计自己的开场白，那么最终影响的是你的销售业绩和自己的利益获得。

王斌文在一家大型书店工作，每天来这里购买图书的人都会很多，而王斌文却能够对不同的客户做出不同的开场白，从而促使了自己的销售变得成功。

一位中年女士来到书店，她的体型很胖，到了书店便直接去找减肥类的书籍，她开始翻看众多的减肥类的书籍，但是却不知道买哪本好。王斌文看到这位女士正在犹豫不决，联系到她的表情，料想到她应该身体没有那么健康，便走上去说道："这位女士您好，其实人的健康是最重要的。"

那位女士说道："健康是重要，但是我想减肥，因为我太胖了，漂亮的衣服都穿不了。"

"那么您应该选择一本能够达到健康减肥的书籍，这本书不一定能够让您瞬间减肥，但是却可以让您在健康的生活状态下，逐渐达到您想要的效果，穿上您想穿的衣服。"王斌文说道。

那位女士听完他的话，立刻说道："那能不能麻烦您给我推荐一本呢？"

王斌文自然很乐意去做，他为这位女士推荐了一本健康食疗减肥书籍，在短短5分钟的时间内，那位女士就开心地买下了这本书。王斌文也在5分钟之内推销出去了一本标价27元的书籍。

由此可见，王斌文正是抓住了对方想要减肥的这一兴趣点进行推销，从而在很短的时间内，便取得了这次推销的成功。作为一名推销人员，开场白往往是十分重要的，而能够满足客户兴趣点的开场白，也往往是最成功的。

那么，怎么样来了解客户的兴趣点，从而设计更为吸引人的开场白呢？

第一，观察是不变的法则。作为一名销售人员，认真地观察每一位客户是必须要做的功课，如果不能够很好地观察客户的行为举止，那么是不可能了解到客户的兴趣点在哪儿的。认真地观察客户的关注点，也就是在了解客户的兴趣点，这是设计一场精彩开场白的关键步骤之一。

第二，不要过于直接。作为销售人员，虽然你的目的是销售商品，但是也不要过于直接地表达你的目的性，因为对于客户来讲，如果你过于直接，他们往往会不由自主地产生一种抵触心理，如果这种抵触心理过于严重，那么自然会影响到他对产品的兴趣。

有人这样说过，"兴趣是最好的老师"，而对于一名销售人员来讲，客户的兴趣则是销售人员成功实现销售的重要突破口。在销售过程中，能够找到共同的兴趣，才会使彼此建立起更为融洽的关系，如果在你介绍自己产品之前，就能够找到对方的兴趣点，然后从客户的兴趣点下手，那么你一开口，对方就会心中一亮，情不自禁地跟着你的话题来想问题，如果能够达到这样的效果，你还何愁产品不会卖出去呢？

客户信息，一个都不能少了

销售准备工作的好坏，对销售活动的成败影响非常大。收集客户的详尽资料，可以使销售人员在销售中占据主动的地位。你对客户情况了解得越透彻，你的销售工作就越容易开展，也就越容易取得成功，越容易收到事半功倍之效。

常言道："知己知彼，百战不殆。"对客户信息了解不透彻，或者了解不全面，都可能会使我们的销售工作功亏一篑。在产品同质化和趋同严峻的市场中，销售人员要想制胜，那就需要挖掘到客户的实际内在需求，打动客户。当你对客户的情况了如指掌的时候，你就不会为如何打破僵局而苦恼了。销售员要了解客户的家庭状况、毕业的大学、喜欢的运动、喜爱的餐厅和食物、饲养的宠物、喜欢阅读的书籍、上次度假的地点和下次休假的计划、在机构中的作用、同事之间的关系、本年度的工作目标和个人发展计划和志向等。把客户当作朋友来对待，从心底里让客户信任你、爱上你。

客户信息一个也不能少，有时候，你就是因为忽略了客户一个细微的信息，而将订单拱手让给了竞争对手。销售员要做好客户的信息管理，并利用这些丰富的客户信息，从中获得最大收益。从多个渠道收集我们所需要的信息，是保证我们信息全面的有效方法，因为客户信息对销售员后期开展销售工作的专业判断影响非常大，因此要严格认真地对待。

李某是某建材厂路面砖销售人员，他通过媒体看到某沿海开放城市一篇《改造城市环境，创建旅游城市》的文章，立即想到了该城市要改善环境，肯定会在道路上做文章。而自己厂里生产的各种路面砖规格多、质量好，李某认为这是一条非常重要的信息，于是立即动身到了该城市，并迅速打通关节，及早地拿到了招标书，最终拿下了该厂的一个大单。如果李某没有从这篇文章中发现机会，即使将来能够收到该城市的招标邀请书，也很难把这项业务做成，李某因此得到了厂里的重奖，而且还被升为了销售部经理。

商机就在客户的信息里，需要我们像案例中李某那样，广泛地去涉猎信息，哪怕是微不足道的一篇文章，都能让其获得销售的成功。我们在获取客户信息时，要充分明确自身信息需求，积极汇聚潜在客户信息，要以敏锐的触觉感知市场，洞悉自己的竞争对手，实时跟踪动态信息的流变，要对行业市场全貌有所了解，才能无往而不胜。

客户信息都是在细节里，当打听、侧面了解的信息不够丰富时，销售人员就要注意养成平时善于观察的好习惯。销售人员一般是风里来雨里去地奔波在市场与客户之间，这不应该是一个痛苦的过程。行走在路上的时候不应该低头匆匆前行，也不应该疲乏地在公车上睡觉，应该在欣赏路边风景的时候，时刻关注有关客户的信息。马路上有客户？当然有！一个路牌广告透漏的信息，一个店名透漏的信息，一个电台广播广告透漏的信息……其中的某条信息就极有可能让你拉近与客户的关系，你接收到每条信息后应该做的就是判断这条信息与你的业务有没有关联。善于挖掘和捕捉有效信息也是销售人员成功的一个重要因素。

杨某是软件公司销售人员，在外出的路上看到一个政府部门的办公楼，该部门属于公安局下属的出入境管理处，一般出入境管理处相对独立，相关的业务和软件都经过国家部委统一配备，应该没有什么商机。到公司后，杨某立即通过114台查到了该处的电话，一个电话过去，果然得到了没有相关业务需求的回答，但在杨某的仔细询问后，了解到他们目前还没有一套成型的办公系统（OA），于是建议他们上一套该系统，并讲解了系统的优点。客户有了兴趣，于是杨某取得了上门拜访的机会。几次交流下来，杨某成功地签下了这个单。

客户信息掌握得不透彻，只能让自己处于被动地位。销售员拜访客户前的准备是一个持续性的准备，每一个客户都是你未来开花结果的种子。你对客户了解得越多，越能增加你销售的信心。信心是有感染力的，客户感觉到你的信心，也会对你产生信心。了解客户的家庭背景，投其所好，对症下药，也是不少销售人员取得成功的"撒手锏"。

一位销售人员了解到客户的儿子喜欢集邮，在与客户见面时就送上了一些邮票，立刻便得到了客户的好感。

收集客户信息不能盲目，我们要有的放矢，掌握那些对销售有用的信息。信息收集后要进行归类整理，便于及时回复和节省时间。销售员要学会挖掘提炼信息价值，使收集的各类资料最大限度地服务于自己的销售工作。那么，销售员要掌握哪些客户信息呢？

第一，有关客户的基础资料。

我们跟踪的是什么样的客户？规模多大？员工多少？一年内大概会买多少同类产品？企业的消费量、消费模式和消费周期是怎样？其组织机构是什么样的？我们所拥有的通信方式是否齐全？客户各部门情况我们是否了解？客户所处的行业基本状况如何？该客户在该行业中所处地位及规模？这些信息我们都应该掌握并根据客户的自身变化，进行适当的动态管理。

第二，有关的项目资料。

项目信息是我们开展销售工作的关键因素，在对客户实行战略规划时，假如缺少对客户项目基本的了解，后面的交流合作就无从谈起。客户最近的采购计划是什么？通过这个项目要解决的问题是什么？决策人和影响者是谁？采购时间表、采购预算、采购流程是否清楚？客户的特殊需求是什么？等等。

第三，有关竞争对手的资料。

光了解了客户的信息，而忽视竞争对手的信息，也是很危险的。身处激烈的市场竞争条件下，不得不多关注自己的对手，以防止竞争对手突如其来的攻击，从而影响本企业的销售。竞争对手资料包括以下几方面：产品使用情况，客户对其产品的满意度，竞争对手的销售代表的名字、销售的特点，该销售代表与客户的关系等。

在与客户闲聊时，是销售人员了解客户信息最好的时机。销售人员对客户的了解不能仅限于有无购买需求，还需要多方面、全方位的了解。了解客户的信息越多，就越容易把你的产品卖给他。但对于客户各方面信息的了解不能太直白地发问，这种单刀直入的方式会让客户顿感压力，觉得你别有用心，从而对你产生抵触心理。

敏锐思考，看看对方需要什么

对于销售人员来说，没有比不清楚客户的真正需求更痛苦的事情了。想要销售成功，就要真正地了解和认识客户的真正需求，哪些是客户购买产品的真正原因，哪些是客户购买产品的真正动力，只有从客户购买产品的角度出发，才能实现我们销售的目标。

销售是一场智力游戏，光有勤奋是不行的，销售员要善于把握客户的潜在需求。敏锐思考，才能将潜在客户发展为准客户。任何一个客户的需求，都不是独立存在的。通过一个显性的需求，挖掘出客户的潜在需求，这样不仅可以满足客户的显性需求，还可以进行延伸销售。

所以，奔波在一线的销售人员要重视客户的需求挖掘，重视自身对客户需求挖掘的技能，重视自身对客户信息的了解，勤于学习，勤于练习，方能为常人所不能为，良好的客户关系才能真正建立。真正了解客户需求极其困难，你必须信守承诺并与客户直接沟通，这样才能确保公司根据客户需求变化及时调整市场定位，作出有利于销售的决策。

有时候，销售人员想当然地揣测客户的真正意图，实施了"更好了解"客户的计划，效果却也可能适得其反。一些公司可能热衷于按使用方式、客户保有率、购买量以及其他指标来收集和筛选数据，使客户成为了数字而不是真正的人。对于真实客户的真实声音，公司则充耳不闻。不了解客户的真正需求，只能是将客户推给了竞争对手。宝洁公司 CEO 雷福礼对此深有感触，他极为重视除了数字报表之外的东西，"答案并非只是关注数字报表。你必须走出去，去观察，去思考"。销售员深入一线是有利于了解客户真正需求的有利条件。

琳达是一名机器设备销售员，曾多次拜访一位负责采购的陈总，在向陈总介绍了机器设备性能及售后服务等优势以后，陈总虽表示认同，但一直没有明确表态，琳达也拿不准客户到底想要什么样的设备。

久攻不下，琳达决定改变策略。

琳达说："陈总，我已经拜访您好多次了，可以说您已经非常了解本公司机器设备的性能，也满意本公司的售后服务，而且机器设备的价格也合理。陈总是前辈，我在您面前销售东西实在压力很大。我今天来，不是向您销售机器设备的，而是请陈总本着爱护晚辈的胸怀指点一下，我哪些地方做得不好，让我能在日后的工作中加以改善。"

陈总："你做得很不错，人也很勤快，对机器设备的性能了解得也非常清楚，看你这么诚恳，我就给你透个底儿：这一次我们要替公司的设备做一次大的更新，当然所换的设备一定比现在的要更高级一些，以激励我们公司员工的士气。但我们需要分期付款，并且可能延期，否则短期内我宁可不换。"

琳达："陈总，您不愧是一位好老板，通过购买新设备以激励士气。今天真是又学到了新的东西。陈总我给您推荐的设备是由德国装配直接进口的，成本偏高，如果陈总一次购买 10 部，我一定尽力说服公司以达到您的预算目标。"

陈总："哦！贵公司如果有这样的诚意的话，我们一定会购买的！"

月底，陈总与琳达签署了购置设备的合同。

虽然在整个过程中，琳达基本上没有特意去提让陈总买设备的事情，但是她对陈总的需求有了真正的了解，因此，她快速地调整自己的销售策略，最大化地满足客户及公司的需求，轻而易举就赢得了陈总的心。最后陈总不但买了设备，而且合作非常愉快。

了解客户需求的方式是多种多样的，销售员要善于捕捉细微的信号来洞察他们的需求，找到客户产生购买意愿的线索。

一、观察动作和表情。客户的一些动作和表情透露着他们的需求情况，销售员要注意观察客户的这些举动，就可以从中透视出他们的心理了。观察表情，当接过销售员递过去的产品资料时，客户是否显示出兴趣，面带微笑，还是表现出失望和沮丧；当销售员向其介绍产品时，他是认真倾听，还是心不在焉，如果两种情形下都是前者的话，说明客户对产品基本满意，如都是后者的话，说明产品根本不对客户的胃口。

销售员进行观察时，切忌以貌取人。衣着简朴的人可能会花大价钱购买名贵产品，衣着考究的人可能去买最便宜的东西。因此，销售员不能凭主观感觉去对待客户，要尊重客户的愿望。

二、善于提问。需求是问出来的，没有人会主动坐到你面前，告诉你有什么需求。这是一项重要的技能。所以我们要善于提问、敢于提问、学会提问。敏锐思考，准确地了解了客户的需求，围绕客户的需求进行我们产品的介绍和价值的宣传，才能达到销售目的。

三、多方面收集信息。唯有涉猎广泛才能发现客户真正的需求所在。比如，在闲聊中掌握客户的信息时，销售人员可在不经意间谈及某方面问题，提问客户，这样会让客户觉得非常自然，从而进行非常愉悦的谈话。其次，销售员也可以先阐述想了解情况是为了帮助客户更好地发展，以此化解客户的压力感。此外，销售人员还可以通过赞美客户等方法，让客户在愉悦的心情中重视你的提问。

销售员的工作首先是对于意向客户进行需求分析，再介绍产品，然后了解客户意向，接着处理异议。在这一过程中尤为重要的一个环节，就是要给客户建立信赖感。客户信任你了，你才能了解到他的真正需求或是要求，甚至可能告知原先不愿说出的要求，建立在彼此信赖基础之上的交流与沟通，能更好地帮助销售人员促成交易。

选择最合适的见面小礼物

重视细节更容易促成销售，有时候，一个小礼物就能拉近你与客户之间的距离。那些销售业绩做得好的人，最大的原因就是：落实基本动作、不放弃任何一个开发的机会。他们精心挑选小礼品，直至叩开客户接纳的大门。

在销售人员参加业务培训的时候，培训师一定会告诉大家："销售人员拜访客户时，要记得带小礼物。"小礼物就是销售人员的工具，许多时候，更是不可或缺的成交关键。

说得容易但做起来就很难。很多时候，业务成交来自很多不变的业务行销法则：做资料、小礼物、态度、倾听等。至于会不会成功，就在于有没有落实——不能轻言放弃，也不能半途而废。

商务活动中，"礼物"一直是融洽彼此关系的催化剂。很多公司把给客户送小礼品作为公关活动的一部分，提前做好预算和安排，在商务活动中就可以顺利将商务礼品送到客户手中。

销售人员给客户送小礼物主要是为了巩固双方的感情以建立更进一步的商务合作。礼物不在于有多么贵重，最基本原则就是投其所好。每个客户都有独特的生活方式和个性，因此，礼物要因人而异。客户是一个喜欢旅游的人，可以送一套旅行装备户外用品，如帐篷、越野自行车等等,相信他们看到一定会又惊又喜,分外珍惜这份礼物。当然,送礼物有创意最好。

　　销售人员李平与一个企业的业务经理取得了联系,通过第一次交流,李平了解到了两个重要信息:一是他有个上初中的女儿,并且他非常爱他的女儿;二是他自己没有多少电子商务的知识,想学习又没有学习的渠道。

　　于是在李平第二次去拜访的时候,李平一口气买了七本有关电子商务与网络销售方面的书籍送给他,当李平从包里去取书递给他的时候,李平看到了写在他脸上的惊讶和感动……

　　第三次去时已经是临近春节了。这次李平带了一个400元的快译通电子词典去,对他讲现在的孩子英语一定要好,因为将来的用途非常广泛,所以自己在力所能及的范围内给他的孩子做一点帮助。当李平把电子词典递给他的时候,李平看到了同样的感动……

　　经过几次接触,他们成为了朋友。当然,合同也签了下来。

　　小礼物可以融洽彼此间的关系,对业务合作有着积极的促进作用。馈赠客户礼品可能销售人员都非常熟悉,但是送礼也讲究技巧。有时候可以根据交往的过程中得到的一些信息赠送礼品,礼物虽不贵重,但也可以有意想不到的效果。

　　送客户的礼物送什么好呢? 最好选择有收藏价值或者实用型的礼物,当然也要有点特色与创意,在礼品的选择上最好是体积较小日常能用到的商务礼品、办公礼品。现代大都市生活节奏加快,很多年轻的上班族都是晚上熬夜,夜生活丰富,早晨被闹钟吵醒才肯懒懒地起床,早饭也顾不上吃,针对这些年轻的上班族可以送一些小家电,帮助他们节省时间提高生活效率,赚钱的同时也可以料理好自己的生活。销售员除了日常交际,在重要节日及客户生日等时候也可以送礼物表示对客户的祝福。

首次去拜访的见面礼要把预算价格控制好，这个是最关键的。在预算范围内，可以挑选一些适合客户那个年龄段的礼物。具体送的礼品，可以提前打听一下客户的喜好等，你可以从以下方式去作选择：

一、赠送的礼品要品质优，适用性强，经久耐用；

二、最好让礼品更具有私人性、专一性；

三、根据受礼对象的趣味不同，挑选礼品；

四、选择一个最佳赠送礼品的好时机，给人留下更深的印象；

五、礼品的包装要精致美观，吸引人。

其实人都会有些共性，接受礼物的人都会觉得你非常用心。送客户的话需要包装非常精美，而且送人的最好都是品牌货，这样就会显得比较用心、大气。如果销售员所送的小礼物与自己所销售的产品相关，那是再好不过了。比如，图书销售员经常就给客户带他们所喜爱的书籍，自然会博得客户的好感。

一般来说，有价值、有创意、有纪念意义、实用的礼品等都是比较受欢迎的。给客户送礼不一定要贪图昂贵，反而有一些价格不高但新颖创新的礼品更能够抓住人心，受到客户的青睐。创意礼品可以专门定制，既能把你的用意表达出来，又对客户有专属的意义。对方收到这样的礼物一定会小心收藏，还可以向身边的亲戚朋友拿来炫耀这个独一无二的礼品。

假想N多拒绝，再假想一下怎样应对

被拒绝几乎是销售员的家常便饭，但山重水复疑无路，柳暗花明又一村。失败只是暂时的挫折，不是永远的沉沦。面对客户的拒绝，不要垂头丧气，要开动脑筋，找到正确的路子。或许，这次的失败和挫折恰恰是你成功的契机和基础，这一切取决于你的心态。提前做好被拒绝的功课，到真正被拒绝的时候，你才会应付自如。

有些销售员参加业务培训课的时候，或者听资深销售员的讲解之后，往往会产生一种激情，同时把销售工作想成非常轻闲、快乐的职业，每天东奔西走，不用坐班，也没人盯着自己，能和客户产生愉快的互动，轻而易举地卖出产品。可这一镜头只发生在销售员的白日梦中，不可能在现实中出现，因为有些人并没有产品需求，或者还在犹豫阶段，这些阻力都要销售员通过努力才能克服。

被拒绝对销售员来说应该说是家常便饭。销售员应该明白，客户的拒绝，对于销售员来说就是一种常态。开始，可能是冷冰冰的拒绝，时间长了，他很可能成为你的朋友。所以，销售员没有必要在被拒绝后表现得很沮丧，或者试图在短时间内说服客户，而先要把对方的拒绝承认下来、接受下来。你应该这样想，客户接纳我的时机还没有到。可是，我已经把信息传递给了他，以后可以寻找恰当的时机和方式，让客户接纳我，购买我的产品。所以说，拒绝是对销售员最基本的考验，销售员不能因拒绝而停滞不前。面对拒绝要不断给自己打气，表现出顽强的敬业精神，坚持拜访下一家客户。

有一位业绩一直十分优秀的销售员说："我每天都做好计划访问多少客户，把访问过的客户情况在随身携带的本子上记录下来，把他们拒绝的理由也记录下来，回家后进行分析。"拜访客户的数目是一个硬指标，每天都必须完成，绝不能偷懒，如果你想：算了，再推销下去也不会有希望，这就大错特错了，希望往往就存在于你即将放弃之时，就埋伏在你的下一个拜访中。

日本著名推销大师原一平曾深有感触地说："推销就是初次遭到客户拒绝之后的坚持不懈。也许你会像我那样，连续几十次、几百次地遭到拒绝。然而，就在这几十次、几百次的拒绝之后，总有一次，客户将同意采纳你的计划。为了这仅有的一次机会，销售员在做着殊死的努力。"

一个大学毕业生去一家国际知名的跨国公司应聘销售职务。面试官问他："你去拜访一个客户，第一次见面时他拒绝了你，你会怎么做？"

毕业生回答："再去第二次。"

"第二次见面他又拒绝了你呢？"

"我会继续拜访他。"

如此问答连续重复了 6 次，第六次时，毕业生犹豫了。当面试官问第七次时，毕业生选择不再去。考官笑笑对他说："如果是我，我会选择继续去拜访他。"

从拒绝中吸取经验，为下一次的成功打下基础，需要有百折不挠的精神。"永不说永不"意味着任何情况下都绝不放弃目标；"永不说永不"，其实就是一种执著的精神。据美国纺织品协会做过的一项研究显示：48％的销售员被拒绝一次就放弃；25％的两次；12％的被拒绝 3 次之后还继续做下去，80％的生意就是他们做成的。

假想被拒绝的情形，再思索如何去应对。销售就是一场智力的游戏。执著于目标，享受着过程，把成功与快乐结合在一起，这就要求我们建立和拥有正向、积极的情感管理机制。在任何情况下，都不放弃从绝望中找到希望，实现销售成功的临门一脚。

有句名言说得好："上帝的延迟并非上帝的拒绝。"失败并不可怕，就怕你从此一蹶不振。只要不放弃，机会随时有可能光顾你。如果你无法克服客户的抵抗及反对，你在销售过程中将被彻底的击溃。然而，在商场上，销售工作是利用抵抗的过程前进的。

销售员要时刻给自己添加正能量。面对拒绝，你要正确把握拒绝背后的意义。反对意见一般是签订订购合同的前兆。第一，要用诚实来对待。不真心诚意的话语就没有力量，它是无法说服客户。面对拒绝，诚实乃是最重要的态度。第二，在语言表达上赋以权威感：对产品要有充分的了解，并确信产品具有优秀品质，所以，在语言介绍上自然便具备了权威，说服力也会表现出来。第三，谨慎作议论。不要对客户的反对意见完全否定或作议论，不管是否在议论上获胜，都会对客户的自尊造成伤害，如此要成功地商洽是不可能的。第四，先预测反对意见。在销售过程中，不可能第一次见面就能成交。如果是慌张又语无伦次的回答方式，是非常糟糕的，应在事前先作反对意见的预测，研究处理的方法或应对术。第五，经常作新鲜的对应。客户之所以反对，一定有其原因，特别是在技术革新脚步加剧的今日，陈旧的说明是无法对应的。应当学会收集最新的消息或资料，以提供对客户有利的信息。

假想拒绝的情境，假想应对拒绝的对应技巧。所谓的销售员，就是能得心应手地处理客户拒绝的专家。

一、直接应对法

利用客户的拒绝将计就计，比如，对于"没有预算，买不起"的拒绝，可用"所以才要您买这个商品，以增加贵公司的销售额"的方法，如果加上其他公司的成功例子更有效果。不逃避拒绝，推销是由被拒绝开始的。

二、逆转应对法

对方说明要仔细聆听，然后逆转地说："虽说如此，但是却有很多的利用之处哦！"仔细考虑其反对的真意，将反对当作是质疑，认真进行应答。

三、区别应对法

针对客户的拒绝，要仔细作说明，让他欣然接受。例如，对于"因为价格相同"，可说明："我们会尽力做售后服务，请放心。"举出其他同行公司所没有的优点，使其接受。

四、迂回应对法

暂时不管客户的拒绝，而讨论别的话题。抱着热心与自信应对拒绝，要有丰富的商品知识，并对商品及自己有自信。

五、追问应对法

对客户的反对，反问："何故呢？""为什么？"以客户叙说的理由为中心说服他们，只是不可以变成逼问的语调。平时便要考虑对应话术，对每个反对理由作准备，别仅限于当时的回答。

被拒绝是一种常态，但销售员要对此有所对策才能有销售的胜算。销售员一定要记住：办法都是想出来的，被动接受只能是一直被客户牵着鼻子走。伟大的人物无不走过荒沙大漠，才能登上光荣的顶峰。要保持成功的信念，它会助你从容面对客户的拒绝。

假想被拒绝的情境，再积极假想应对的方法，才不失为有效的解决办法。销售人员一定要内修心态、外练技能，做到敢于面对拒绝、战胜拒绝，并让自己与拒绝为友。对一名优秀的销售人员来说，自己要做的应该是不断地自我激励，不断地对自己说："我能行！我能行！我一定能行！"应该积极努力地去争取所有能够让自己远离拒绝的机会，让陆续积累的成功经验成为战胜拒绝的有效武器，进而不断地从拒绝中赢得订单！

产品要包装，销售人员形象要精装

　　很多销售员由于不重视自身的销售形象，仅仅被一些频繁接触的老客户认可，而在新认识的客户面前因形象不很职业，失去了很多签单机会。销售人员向客户销售产品，就是向客户销售你作为机构和产品代言人的形象。客户不会花很长时间去了解一个销售员到底是否是职业的、优秀的，客户对于销售员的评价几乎都是从第一印象中得来的。假如你给客户留下很没有品位的第一印象，那么就会给以后的销售工作带来阴影，你甚至需要加倍的努力来改变客户对你的负面印象。

　　销售要凭借形象魅力和能力才足以成功，业绩好不好，还得看你外在的形象包装。"卖产品不如卖自己"，这句话道出了作为一个合格销售员应该达到的职业素质。因此，销售人员在面对每一位潜在客户之前，应该想清楚自己的个人形象定位，比如，你卖的是怎样的产品？你卖的产品具有什么特质和核心技术？你用哪种形象风格能够更好地诠释你要销售的产品？把这些问题解决了，客户才会经常光顾，业务自然会一直好下去。

树立自己良好的形象

想要留给别人良好的第一印象，首先要注意你的外表。

当你看见一个成年人在隆重的场合穿了一条短裤，你不会觉得他碍眼吗？当你看见某人的西裤裤腿卷起，露出脚腕，你不会觉得这很滑稽吗？所以，请留意你的着装，这并不是说你要穿最流行、最时髦的衣服，但你一定要穿得整齐、干净，合乎场合及你的身份。至于服装是新是旧，质料是好是坏，都不是问题的关键。

日本有许多家大公司对雇员有非常严格的服装上的要求。雇员上班之前，至少得注意这些方面：

鞋是否擦过？

裤管是否脱线？

衬衫的扣子是否扣得整齐？

胡子是否刮得干净？

头发是否梳得整齐？

衣服的褶皱是否抚平了？

不只在日本是如此，在其他国家都一样。新加坡有一家保险公司的雇员向公司报告说：当他们向农民进行劝说工作时，穿着整齐的雇员比穿着不整齐的雇员的业绩要高出很多。可见，人们更容易相信衣着整洁的人。

不要嘲笑"以貌取人"这样的社会风气。我们交际时，应该重视现实，要推己及人，不然的话，便要遭受一些不必要的失败。

我们应根据不同的场合来决定不同的着装。一般来说，身着制服给人以年轻的印象，身着正装给人以作风正派的印象，身着便装给人以快乐的印象，身着工作服给人以严肃的印象。我们要在不同的场合选择不同的着装，以给人良好的印象。

俗话说：人靠衣装，马靠鞍。可见，服装对人的印象，特别是给人的第一印象有不可忽视的作用。现代社会中，服装更是一个人社会地位、经济状况、内在修养及气质的集中体现。

居里夫人这位法国科学研究院的高级女院士，是一位把奖章当玩具给孩子玩的女科学家，同时她也是一位日常不修边幅的女性，她认为搞她这一行的形象并不重要，重要的是研究成果。

有一天居里夫人应邀参加一场新闻发布会，是关于她的研究在最近取得重大突破的内容。

她全身心地投入在实验里，把参加发布会的事给忘了，后来还是发布会组委会的电话使她想起了这件事。

她赶紧去参加发布会，根本没有顾及自身形象。可在她赶到了新闻发布会的大门口时，被保安拦住了。对方把她当成是流浪者，不管她怎么说都不让她进去。

居里夫人焦急万分，她不顾一切地大喊起来。这才把里面的组织者引了出来。居里夫人连忙做了自我介绍，说她是来参加新闻发布会的博士。

居里夫人冲了进去，这时新闻发布会已经开始了。她不顾一切地拿起麦克风大声介绍起她们那个课题的研究情况来。

听众见到一个蓬头散发、穿着邋遢的女人竟然如此放肆，以为有好戏看了。顿时上上下下一片混乱。

大会主席看到主角来了，忙做了介绍，台下才慢慢地安静下来。

居里夫人也不多说，继续讲她的工作进展，可她发现下面的每一个人都用一种质疑的眼光看着她，她并没在意。

说着说着，不知谁在下面咕哝了一句，顿时引起一阵哄笑。居里夫人还以为自己哪里说错了，停了一下，又接着往下说，不知谁又说了一句什么，台下笑得更欢了。

居里夫人环顾四周，发现大家都用一种有趣的眼光看着她，有点像在动物园里欣赏大猩猩。

居里夫人这才明白事情出现在自己身上。低头看了看自己，一下子脸羞得通红，不好意思地把头转了过去，她终于明白了。

头发没有整理，乱得像个鸟窝，白衣服又脏又破。

发布会一结束居里夫人就急急赶车回实验室了，甚至连晚宴都没参加。

虽然居里夫人发誓要把个人的形象塑造好，可是她留给观众的印象是很难纠正的。

无独有偶，北京一家大报的一名女记者下乡采访，为了给当地的政府减少麻烦，她先坐公交车然后步行到目的地。谁料雨后道路泥泞，等走到目的地时她已是狼狈不堪。乡村干部目睹这位女记者裤筒儿泥点斑斑，鞋底半寸厚泥的"惨相"，任凭她拿出记者证怎样说明自己的身份，对方也不肯相信，弄得这位记者哭笑不得，最后记者当着他们的面给报社打了个电话，证实了自己的身份，才扭转了尴尬的局面。

稳重是销售者的必备素质

很多人都想留给客户稳重的形象，以获得客户对产品的好感。精明能干和稳重感不是有一套西装就可以的，是在工作、生活和学习中逐渐地积累而成的。做事之前先把"做人"的功课做足，要知道，稳重是销售员必备的素质。

比起那些能说会道、做事精明的销售人员来说，在和客户沟通过程中，客户更喜欢那些做人做事稳重的销售员，也更愿意将订单交给他们。稳重，代表着销售员不仅要使用文明的语言，保持谦和的态度、销售技巧，在沟通和谈话的方式方法上，还需要注意一些细节性问题。

稳重指的是一个人在行动中所流露出的让人很自然就信任的能力，也可说是一种品质。表现在：做事有计划、善于思考、有责任感、气度内敛等；稳重的感觉需要经历很多事情的磨砺，就是走的路多了，并不断总结，就自然而然地做到了成熟、稳重。

如果你感觉自己不够稳重，不够博得客户的信赖，那就尝试着改变自己。比如多尝试各种不同的生活方式，不怕失败；多思考，重视学习。经验的积累，知识的积累，会让你把事情看得透、看得明，行动更有把握，就会自然地让人产生信任感；脾气随和些，态度端正些；学会宽容。要认识到人都是有缺点的，都会犯错，既然如此，那就学会重视别人的优点、宽恕别人的缺点吧。只有你变得稳重一些，客户才会对你更加信赖一些。

接下来的这个故事可以说明做一个稳重的销售员所具有的价值。

有一位销售员，在给客户演示产品的时候，不知道怎么回事，电脑竟然打不开了，无论用什么方法都启动不了，他忙得满头大汗，用尽了各种办法，结果客户在一旁尴尬地看着。经过仔细检查，原来是电池的问题，而他在出门前没有仔细检查自己的物品，甚至连电脑适配器也没有带，销售的结果可想而知。

又有一家办公用品的销售员来到一家公司，当时这家公司也准备置办一些办公用品，经过半天的讨价还价，终于成交。但是，当他准备把优惠价以及联系方式写给这家负责人时，意想不到的事情发生了，他掏出的签字笔竟然写不出字来。一个文具销售人员，自己用的笔竟然写不出字来，这不是滑天下之大稽吗？于是这位负责人很快就告诉他："你不用写了，你的产品我们决定不要了！"就这样，一笔马上到手的生意就这样没了，这就是销售员不够稳重忽视细节而准备不充分惹的祸。

稳重的素质体现在细节当中，故事里的两位销售员就是因为忽略细节，做事太过草率不够稳重而丢掉了本该属于自己的订单，生活中这样的案例比比皆是，实在是令人扼腕叹息。那么，在与客户交往的过程中，如何体现销售员稳重的素质呢？以下建议希望对你有所帮助。

一、在和客户交谈之中切忌油嘴滑舌

很多销售员误以为在客户面前展示口才，会给销售给力不少，殊不知，好口才也会被认为是油嘴滑舌。这里所说的油嘴滑舌，就是说话油滑，毫无止境的胡编乱诌。谈吐幽默是一种高尚的教养。在适当的情境中，使用幽默的语言讲话，可以使人们摆脱拘束不安的感觉，变得轻松而愉快。此外，它兼具批评和讽刺等多重作用。然而幽默也需要区分场合与对象，需要顾及自己的身份。要是到处都"幽他一默"，就有可能"沦落"为油腔滑调，致使客户对该销售员反感不已。

二、在与客户交谈的时候切忌沉默

这里所指的沉默，就是和客户交谈的时候自己不发一言，从而使交谈变相地冷场，导致不良的后果。在客户侃侃而谈的过程中，自己始终保持沉默，会被视为对客户所谈的话不感兴趣。本来双方洽谈甚欢，一方突然"打住"，会被理解成对对方"抗议"，或对话题感到厌倦。所以，一旦碰上无意之中所出现的交谈"暂停"，销售人员一定要想办法尽快地引出新话题，或转移旧话题，以保证跟客户的谈话情绪一直旺盛。

三、在客户说话的时候切忌插嘴

很多销售员不满客户的说法，意气风发而插嘴辩驳，结果导致订单的丢失。这里的插嘴，就是在客户讲话的过程中，自己突然插上一句，打断客户的话。销售人员在一般情况下，不应该打断客户讲话，从中插上一嘴，这样会喧宾夺主、不尊重客户。如果确实想对客户所说的话表达自己的不同见解，也需要静待客户把话讲完。

如果打算对客户所说的话加以补充，应先征得客户的同意，先说明"请允许我补充一点"，然后再"插"进来。不过插嘴时间不宜过长、次数不宜过多，免得打断客户的思路。有急事打断客户的谈话时，要先讲一句"对不起"。

四、在客户面前切忌说粗话

不要以为跟客户很熟了，就能够口爆粗话，这样会让你陷入危险的境地。这里的粗话，就是说话不文明，满口都是"脏、乱、差"的语言。作为一个有素质的销售人员是要有所顾忌的。

一个稳重的销售人员，其个人的素质会为产品增色不少。要让自己变得稳重，就要在平时加强自身修养，做客户眼里出色的销售员。比如，销售员谈合作一定要讲究时机。时机不对，好合作也会泡汤。当客户有为难之处时，一定要体谅别人，不要让客户为难。还比如客户正在有事，他认为那样做会不合适或不能做等，你就要马上停止你的要求，并告诉他不管怎么样，你都非常感谢他。你的善解人意会让他觉得很抱歉甚至内疚，下次一有机会，他就不会忘记补偿你。你也不会因为强人所难而丧失与这位客户今后可能继续交往的机会。稳重体现在方方面面，需要我们不断地去学习和实践。

让你的礼仪为你赢得业绩

要想成为一名成功的销售员，必须先培养好自己的礼仪。注重礼仪不但能够维护公司形象，还会让你成为一个有魅力、有修养、处处受人欢迎的人，这将是一笔终身受益的财富。你的礼貌程度往往会决定销售的成败。在最初的交往当中，你的礼貌程度就会让你在客户的心中定型，以后想扭转这种局面往往需要付出极大的努力，而且还不一定能做到。

随着社会的发展，礼仪逐渐成为人们在社会生活中必不可少的行为方式和行为规范，在不同的场合、时间、地点，得体的衣着、优雅的仪态举止、彬彬有礼的谈吐、亲切友好的态度等都是注重礼仪的表现。而销售员的礼仪则会让其在销售活动中为自己赢得订单增添更大的筹码。

在商业活动中，当销售员在把客户介绍给他人，或与客户沟通时，在称呼上是要遵循一定的原则，而这些原则就是销售礼仪的一部分。销售礼仪对销售员来说是非常重要的，"在推销商品之前，首先要推销自己"，对销售员来说，礼仪不但是社交场合的一张"通行证"，也是个人内在文化素养和精神面貌的外在表现。

礼仪，折射着你个人的素养即公司的形象，对销售活动来说影响重大。因此，礼仪早已经不是只有达官贵人才具有的专利，也不仅仅是在正式场合才需要注意的事情，任何人都应该在日常生活中讲究礼仪。作为更多需要与人交往沟通的销售员更需要注重礼仪，只有树立了有内涵、有修养的形象，才能得到客户的信赖和接受，抓住赢取订单的机会。

有一则故事很值得我们销售人员去学习。

在清朝乾隆年间，英国政府派马嘎尔尼作为特使，借乾隆帝八十大寿之名访问中国，随行的有化学、天文、地理、医学等各方面的专家，意欲以此打开中英的双边贸易。使团到了中国皇帝的大殿，老马以单腿跪地，行了自己国家的礼节。乾隆帝的脸当时就沉了下来，只是碍于情面没有发怒。马嘎尔尼此次来中国为达到与中国贸易的目的，不惜花重金采购了代表当时世界最高科技的地球仪、望远镜、毛瑟枪之类的礼品送给乾隆帝，并提出作为大使长驻北京的要求。乾隆帝说了一句让老马彻底失望的话："我们天朝圣国什么都不缺，不稀罕你们那些破玩意儿，搞什么贸易！"言外之意就是你们进贡可以，贸易免谈。

礼仪是否得当，决定着客户对你印象的好坏，印象坏了，产品再好，也很难再打动客户去购买。故事里的老马就是因为没有双腿跪拜引起了乾隆帝的不爽，尽管乾隆帝也觉得他的东西好，但还是没有接受，从而找了一个理由把老马打发回去了。可能老马直到回去也没有想明白自己哪里错了。

从这个故事里我们发现一个问题，如果销售人员能够充分地了解客户，做出适合客户的礼节，销售才有可能进行下去。否则，你的销售活动就会功亏一篑。

销售员要学习和应用礼仪，但礼仪也要灵活。礼仪有地域之分，也有国家之分和文化之分，因此在面对不同的客户时要采取不同的礼仪，这样才能把礼仪的作用发挥出来。就比如说交流时的目光。美国人在同别人正式谈话时，习惯于用目光打量对方，这被认为是自信和有礼貌的表现；而日本人在正式场合则习惯于将目光停留在对方的颈部，如果直视对方的眼睛将被看作是失礼的行为；阿拉伯人认为，在和对方讲话时，眼睛应该看着讲话者；而南美印第安人中维图托部族则必须看着不同的方向。在我国，在正式场合谈话时，对目光也是有要求的：不能死死盯住对方看，也不能完全无视对方。那么怎么做才是有礼貌的呢？礼貌的做法是用柔和自然的眼光看着对方双眼和嘴部之间的区域，目光停留的时间应该占全部谈话时间的30% ~ 60%。如此才是注重礼仪的表现。

销售礼仪要注重以客户为中心。销售礼仪涉及销售活动的方方面面，如何与客户寒暄、如何称呼客户、如何与客户握手、如何与客户交换名片、如何与客户交谈、如何运用恰当的肢体语言等，这是一门很大的学问，但其实所有的这些礼仪有一个核心，那就是：以客户为中心。

恰当地使用礼仪是对客户的尊重，也是获得客户认可的技巧。以客户为中心，就是把客户放在你努力的核心位置。销售员必须摆正自己的位置，即自己扮演的角色和目标，满足客户的需求，为客户提供最满意的产品或服务。

从这一点出发，就可以看出销售礼仪的精髓——以客户为中心。这要求销售员在与客户沟通的任何时候都务必以对方为中心。例如当和客户一起吃饭时，应该首先征求客户的意见，尽量让客户先点；在客户推辞的情况下，也要首先了解客户不爱吃什么后再点菜，不要全凭自己的喜好，主观地去为客户点菜。

在销售活动中，讲究销售礼仪，对客户以礼相待，是对客户的尊重。只有你懂得去尊重别人，别人才会尊重你，懂得销售礼仪并合理地运用，将是你一生的财富。所以，我们销售人员一定要注意这些礼节，不要以为自己的产品好、牌子大就不注意这些礼节。虽然说客户不选择你是损失，可是你同样也损失了一个客户。充分了解你的客户是不会错的，套用一下很经典的一句话："细节决定成败。"

诚信是销售的第一把利剑

信守原则是一个人必备的品质。一个信守原则的人会赢得客户的尊重和信任，因为客户也知道，满足一种需要并不是无条件的，而必须是在坚持一定原则下的满足。只有这样，客户才有理由相信你在推荐产品给他时同样遵守了一定的原则，他们才能放心与你合作和交往。销售员的诚信，就是赢取销售成功最好的武器。

"做人要讲诚信。"这是我们自古以来就一直广为流传的警句，也是我们一直崇尚的道德要求，因此做人一定要讲诚信。

从事商业活动，诚信是根本。将生意做大做强不仅仅是要言谈举止让人觉得可信可交，更重要的是要通过与客户实际的交往，建立诚信的关系，有了诚信，就有了销售成功的资本。所以说，有诚信的理念，是一名销售员不断获得客户认可的"法宝"。

诚信的销售员最受客户信赖，而诚信的人也最容易获取成功。中国古代时有一个人叫季布，他平时十分讲诚信，说过的一定会做到。当时有一句话，"得黄金万两不如得季布一诺"，所以季布在当时十分受人尊敬。"一言既出，驷马难追"是季布做人的准则。战国时秦孝公任用商鞅变法图强。商鞅在都城南门竖起一根3丈高的木头并告诉人们谁能把它扛到北门就赏黄金10两，但是没有人相信。商鞅就把赏金一直加到了50两，终于有一天一个壮汉把这根木头一口气扛到了北门，商鞅当场赏了他50两黄金。老百姓纷纷议论商鞅言而有信，他的命令一定要执行。商鞅变法成功奠定了秦国富强的基础。"言必行行必果"是商鞅的做人准则。孟子说过，"诚者，天之道也；思诚者，人之道也"。诚实的人是绝对可以信赖的人。销售活动中，诚信的人何尝不是如此呢？

山本武信是做化妆品批发生意的。他10岁时来到大阪，在一位化妆品批发商那里做学徒。他的生意窍门，均来自学徒的经验。他的眼光独到，又重义气、讲交情，是生意场中难得的人。后来独立出来，自己做化妆品生意，结果也做得有声有色。

山本武信虽出身学徒，但却立志要做国际贸易，把生意做到海外去。第一次世界大战期间，他的出口生意很火爆，赚了不少钱。由此，他便去银行贷款，备足大量货品，以适应市场需求。然而事情并不像山本所预料的那样，"一战"结束后，出口停止，货品立刻滞销，他只好把大量的库存降价出售。然而货款收不回来，开出去的支票很快也出了问题，虽然尽力挽救，却也回天无术了。就在这时，山本武信断然宣布破产，把自己的所有财物都交给银行处理，甚至连他太太的戒指、自己的金怀表也交了出去。

山本表现出了与一般人不同的人格。本来按惯例，这种情况下个人是可以保留一些日常生活用品的，尤其是太太的饰物一类，是可以不动用的。但是山本武信坚持要拿出全部，哪怕是一丁点儿值钱的东西。

后来银行经理对他说："山本先生，这一次的损失固然是你的责任，但战后生意的不景气，也不是你独立能支的。你负责任的诚意，我们很了解，可是也不必做到这种程度。你店里的东西，当然你要全拿出来，像这些身边的物品，就不必拿出来了，尤其是你太太的戒指……还是请拿回去吧。"

对于银行的好意，山本领情，但执意不肯拿回。后来，银行被他的诚信所感动，不但派专人给他送去了他太太的戒指，而且又给他带去了数额巨大的一笔款子作为无私援助，这是他无论如何都没有想到的。也正是这笔钱使他最后渡过了难关，重新在生意场上站起来。

　　山本的诚信使他获得了东山再起的机会，也让他的事业得到众人的支持而不断壮大。松下说："山本身上有许多值得我学的东西，而他在最困难的时候还肯拿出太太的戒指，这样的诚信态度，将会影响我一辈子。"诚信，是销售员优秀的品格之一。

　　孔子曰："民无信则不立。"诚信是做人的根本。人要是没有诚信怎能在社会上立足呢？信用是立国之本，如果君主不讲诚信，怎能让人信服，国家又怎能繁荣昌盛呢？销售员没有诚信，客户如何会爽快地与你合作呢？

　　海尔冰箱在以前并不是一个畅销全球的大品牌。正是因为这个厂子讲诚信，才得到了消费者的厚爱。在2002年春天，新厂长上任了，他经常教育员工要以诚信为本，才能得到消费者的满意。一天，厂长听说库存了一大批冰箱，便想去看看。员工尽力推辞不让去，可厂长坚持要去看，员工无奈，只好带他去。厂长去后，听说三分之二以上的冰箱是不合格产品，厂长气得大发雷霆，吩咐销毁全部库存冰箱，尽管员工们很心疼，但还是销毁了。厂长语重心长地说："厂子之所以生意不红火，是因为我们的产品质量差，不讲信用。如果我们讲诚信，冰箱怎么能卖不出去呢？"这条新闻播出后，人们都试着买海尔冰箱，发现海尔冰箱功能齐全，质量可靠，于是越来越多的人买海尔冰箱，从此海尔冰箱畅销全球。

　　销售要想做得好，就要把个人品格塑造好，诚信是第一位的，做销售做生意的人如果讲诚信，生意会红火；如果不讲诚信，那将一贫如洗。古时候有一对夫妻开的酒馆，因为丈夫讲诚信、信誉好，车水马龙，生意非常红火。丈夫外出，妻子在家经营酒馆，妻子觉得酒的成本太高，便掺了水。几天后，一个客人也没有了。丈夫回来后，见到这般模样，明白事情真相后离家出走了，妻子痛心地说："都是不讲诚信惹的祸。"生活中，做销售工作何尝不是如此，一时的贪图小利，让客户蒙受损失，最终只能是让自己及企业也处于尴尬的境地。

孔子曰："人而无信，不知其可也。"销售员朋友们，我们要时时刻刻地牢记讲诚信，诚信是立足之本，是事业成功的基石。俗话说得好，"三分做事七分做人。"做生意要讲诚信，要善待每一个客户，要从小处细处着眼，将诚信落在实处。如果你能做到诚实守信，你就会换来越来越多的忠实客户。

在脑门上刻一个"忠"字

在目前竞争激烈的商业环境中，基本上大多数的销售员都在孜孜不倦地追求着对客户的"忠诚"。很多人都意识到"将心比心、以心换心"的重要性。你对客户越重视，你越能发现客户的需求，越能"对症下药"采取有效的销售策略，为你的销售活动铺平道路。忠诚是一种良好的职业习惯。

对客户的忠诚，最好的表现就是记住客户的名字，及时记录下客户的要求并尽快落实。你的精明干练远不如对客户忠诚得到的实惠多，多数客户都喜欢受到重视，当自己的要求得到满足之后，合作也是自然而然的事情了。

每个人最喜欢听到的声音、最悦耳的声音就是别人叫自己的名字。心理学家认为，当听到叫自己名字时，人的内心会产生喜悦感和满足感，人们每一次听到或看到自己的名字时，就像气球被灌了一次气，这将会使他们渐渐膨胀起来。在销售的过程中，你可以一而再地使用这个"工具"，客户永远不会厌倦，这还可以缓解客户的紧张心理，并缓和彼此意见的对立；同时，也会让客户觉得你与众不同。

"您是上星期来过的吧！"如果你再度光临我们店铺时，听到销售员这一句话，你是否感到惊讶甚至很感激地认为"原来他们这么关注我"呢？

能记住客户的名字，每次见到客户的时候首先叫出客户的名字，这样客户会觉得受到尊重。虽然这是很小的一个细节，却能为一个出色的销售员铺垫成功之路。其实，作为一个专业的销售员，记住别人的名字就是对别人最起码的尊重，最基本的礼貌，如果连最基本的礼仪都不懂，则很难在销售工作中取得好的成绩。

我们不倡导对客户的愚忠。那么，我们应该追求怎样的忠诚呢？子曰："己所不欲，勿施于人。"我们应该追求这样的准则：认可你的品牌，认可你的产品，认可你的市场制度，认可你的公司愿景。这是一种综合形象的认可，是不可替代的。我们应当这样去要求自己。

我们应该感谢这样的忠诚：发现你的问题，真实地反映给你；和你竞争的产品有什么优点，他会告诉你；市场有什么动向，他会通报你；你哪里落后了，他会指出来；他会告诉他真实的需求；他会告诉你一个真实的你……

这样看来，我们所谓的忠诚，是双方在拥有共同利益、共同理想基础之上的合作。不是对对方缺点与失误的视而不见，不是对对方不足的违心赞美，而是真心地指出问题，沟通彼此的观点，找出解决问题的方法，消弭彼此的歧见，携手共同面对困难。

忠诚于客户，你能发现客户身上更多更大的需求，而让自己的销售一再做大。现在的销售正在向着精细化方向发展，企业将更多关注客户占有率而不是市场占有率，重视保持客户的忠诚度，挖掘客户的终生价值。开发一个新客户的成本远远大于维持一个已有的客户。所以，对客户忠诚，其实就是对你销售业绩的忠诚。

我们应该怎样去追求忠诚，首先要守信践诺。销售员应该对自己的承诺负责任，包括公司名义许下的承诺。我们经常看到一些没有合同、没有协议的交易。不出现分歧便罢，若出现分歧，常常是各说各的理，不欢而散。作为企业一个经常的托词是："销售员自己答应的，公司不予认可。"看起来理由很充分。但是，仔细想来，抛掉法律因素不谈，单从销售管理方面来说，公司难道不应该对销售员的经营行为负责任吗？对客户忠诚，是企业永续发展的良药。

忠诚的另一表现是拜访客户的时候及时记下客户的要求。在拜访客户中，销售人员随身携带记事本，随手记下时间地点和客户需求、答应客户要办的事情、下次拜访的时间。当你虔诚地一边做笔记一边聆听客户说话时，一种受到尊重的感觉也在客户心中油然而生，接下来的销售工作就会更顺利。

总之，销售员对客户的忠诚，就是建立在全心全意为客户服务上。包括对客户的要求快速响应的原则。销售员在跟踪客户时，要始终坚持、强化做好快速响应，就是强化执行力。这将会赢得很多客户的信任和归属感。

扎起头发，发型帮你提高销售额

影响力有时候不单单体现在言行上，还体现在仪表着装上。为了增强你在客户中的影响力，在销售的过程中，一定要注意自己的仪表，显现出自己作为销售员精明干练的一面，女销售就要把长发扎起来，男销售就要把自己打理干净。销售员只有把自己整理清爽干练了，才会给客户传递出积极的信号。

日本推销界流行一句话："你如果想要成为第一流的销售人员，就应该先从仪表修饰做起，先用整洁得体的服饰来装扮自己。"一旦你决定进入销售行业，就必须对自己的仪表投资，这样才会在客户看到你的第一眼时就集中注意力，所以，这种投资也绝对是值得的。

扎起头发，一个很平常的动作，用在销售员身上就会起到不一样的作用。因为头发扎起来，传递给人的是一种专业、干练、精明的印象，客户就觉得可以信赖，值得交往。

扎起头发作为一种直观的印象，代表一种严谨的作风。如果销售人员仪表不好，凝聚力不强，工作不尽力，他们就不能满足现在的客户越来越多的要求。优秀的销售员不仅在外观上打理得精明干练，他们还能坚持制订详细周密的计划，然后坚决执行。在销售工作中没有什么神奇的方法，有的只有严密的组织和勤奋的工作。"我们最棒的销售员从不拖拖拉拉，"一家小型企业的总裁说，"如果他们说他们将在 6 个月后会面，那么你可以相信 6 个月之后他们肯定会到客户门前的。"优秀的销售员依靠的是勤奋的工作，而不是运气或是雕虫小技。"有人说他们能碰到好运气，但那是因为他们早出晚归，有时为一项计划要工作到凌晨两点，或是在一天的工作快结束、人们都要离开办公室时还要与人商谈。"这种扎起头发的气质加上吃苦耐劳的精神，销售业绩很难不上升。

有一个女销售员找资深的销售经理请教问题："为什么我卖东西总是卖不出去呢，怎么做才能让商品卖出去啊？"

通常别的销售员问这个问题的时候，这位销售经理会问他诸如"你平时都是怎样跟客户打招呼"之类的问题，但是销售经理一看这位女销售员就立刻明白了她东西卖不出去的原因了。销售经理给了她一个建议："把头发扎起来试试看。"

没过几天，这个女孩反馈说："经理，真的很管用啊，比平时好卖多了，销售额上升了 20%，谢谢你！"

为什么要把头发扎起来？其实，其中的奥妙很简单，长头发如果遮住了脸就让人觉得整个人的状态很消沉。潜意识里谁都不愿意靠近感觉很消沉的人。所以长头发的销售员就应该想点办法让头发不要遮住脸。把头发扎到后面，左右别两个发卡，露出额头，整个人的感觉会瞬间亮起来。就这么简单的一个方法，就能让销售额上升 20%。女销售员们要是不相信的话，可以尝试一下。

销售员要把自己打扮得精明干练一些，销售这一行主角是商品本身。如果销售员的服饰打扮比商品还要显眼的话，客户就不能将注意力集中在商品上，购买的欲望也就下降了。销售员的工作是让客户对商品产生兴趣，所以销售员绝对不能把自己打扮得过于显眼。

干练的销售员一定会替客户着想。我们与客户合作一定要追求双赢，特别是要让客户也能漂亮地向上司交差。我们是为公司做事，希望自己做出业绩，别人也是为单位做事，他也希望自己办的事情办得漂亮。

扎起头发是对客户的一种尊重。每个人都需要尊重，客户也不例外，都需要获得别人的认同。对于客户给予的合作，我们一定要心怀感激，并对客户表达出你的感谢。而对于客户的失误甚至过错，则要表示出你的宽容，而不是责备，并立即共同研究探讨，找出补救和解决的方案。这样，你的客户会从心底里感激你的。

处在一个职位上，就要把自己最专业的一面展示出来，切不可将自己的仪表形象与职业打扮得不相符。这传递的是一种态度，如果找不准位置，目中无人、目空一切、唯我独尊，说话做事肆无忌惮，不仅不能进步，还可能处处树敌，在销售的道路上失去许多有益的帮助和有力的支持，错过很多机遇，最终一事无成，留下不可弥补的悔恨和遗憾。

作为一个销售员，头发是你给客户的第一眼，一定要有型要整齐。对男销售员而言不能留长发，也不能留怪异的头型。因为，头发是男性稳重可靠的象征，你新颖的头型可能很时髦，却让客户感觉靠不住，又怎么会和你做生意呢？

扎起头发只是销售员打造干练形象的一方面，销售员在与客户的交往中应该注意个人的仪表，以求给客户留下良好的第一印象。

不要让服饰影响了你的销售业绩

精心挑选自己的服饰，莫让搭配不当的服饰成了自己销售的拦路虎。销售人员饰品、着装的基本要求是干净整洁，既要符合时尚美感，又要恰当地体现个性的风采。干净整洁、搭配协调、适合自己的着装，会在举止之间流露出自然的美感和迷人的魅力，让服饰真正为自己的销售发挥正能量。

服饰也能左右销售业绩？当然能！销售人员与客户会面时要衣着得体，得体的衣着对于销售人员来说就相当于一个赏心悦目的标签。所以，销售人员一定要根据自己所处行业的特点选择出适合的衣着，以便给客户留下良好的合作印象，拉近与客户的距离。

销售员在选择服饰时，应该注意一点，那就是不论任何一种服饰，都必须是整洁、明快的，而且服饰的搭配必须和谐，千万不要为了追求新奇而把自己打扮得不伦不类。为此，销售人员实在有必要经常留心身边气质不凡的上司或同事，以及留意专业的杂志或电视节目等。

如果你在第一次约见客户时就穿着随便甚至脏乱邋遢，那么你此前通过电话或者电子邮件、信件等建立的良好客户关系可能就会在客户看见你的一刹那全部化为乌有。要想使客户对你的恶劣印象发生转变，那就要在今后的沟通过程中付出加倍的努力。更何况，有时候不论你付出的努力有多少，客户往往会受第一印象的左右而忽视你的努力。

所谓得体的衣着打扮，不是说必须要求所有的销售人员都穿着名贵的衣物。事实上，华丽的服饰不一定适合所有的人、所有的场合，而且也不见得会得到客户的认同。作为一名专业的销售人员，必须根据本行业的特点选择合适的衣着，一般情况下做到朴素、整洁、大方、自然即可。

刚入行做销售代表的时候，法兰克的着装打扮非常不得体，他公司一位最成功人士对他说：

"你看你，头发不像个销售员，倒像个以前的橄榄球运动员。你该理发了，每周都得理一次，这样看上去才有精神。你连领带都不会系，真该找个人好好学学。你的衣服搭配得多好笑，颜色看上去极不协调。不管怎么说吧，你得找个行家好好地教你一番。"

"可你知道我根本打扮不起！"法兰克犹自辩解。

"你这话是什么意思？"他反问道，"我是在帮你省钱。你不会多花一分钱的。我跟你讲，你去找一个专营男装的老板，如果你一个也不认识，干脆找我的朋友斯哥特，就说是我介绍的。见了他，你就明白地告诉他你想穿得体面些却没钱买衣服，如果他愿意帮你，你就把所有的钱都花在他的店里。这样一来，他就会告诉你如何打扮，包你满意。你这么做又省时间又省钱，干吗不去呢？这样更易赢得别人的信任，赚钱也就更容易了。"

听起来真新鲜。要知道，这些头头是道的话，法兰克可是闻所未闻的。

法兰克去了一家高级美发厅，特别理了个生意人的发型，还告诉人家以后每周都来。这样做虽然多花些钱，但是很值，因为这种投资马上就赚回来了。

法兰克又去了那位朋友所说的男装店，请斯哥特先生帮他打扮一下。斯哥特先生认认真真地教法兰克打领带，又帮法兰克挑了西服，以及与之相配的衬衫、袜子、领带。他每挑一样，就评论一番，解说为什么挑选这种颜色、式样，还特别送法兰克一本教人着装打扮的书。不光如此，他又对法兰克讲一年中什么时候买什么衣服，买哪种最划算，这可帮法兰克省不少钱。法兰克以前老是一套衣服穿得皱巴巴以后才知道换，后来注意到还得经常洗熨。斯哥特先生告诉法兰克："没有人会好几天穿一套衣服。即使你只有两套衣服，也得勤洗勤换。衣服一定要常换，脱下来挂好，裤腿拉直，西服送到干洗店前就要经常熨。"

过了不久，法兰克就有足够的钱来买衣服了。法兰克又知道了斯哥特所讲的省钱的窍门，便有好几套可以轮换着穿了。

还有一位鞋店的朋友告诉法兰克要经常换鞋，这跟穿衣一样。勤换可以延长鞋子的寿命，还能长久地保持外形。

不久，法兰克就发现这样做起作用了。光鲜亮丽、整整齐齐的外表能够给客户传递出一种积极的态度，这种积极的态度有助于客户对他产生好感，从而对他的商品产生好感，最终能帮助促成交易。

　　法兰克的成功很大原因是对自己的服饰做了有效的调整和改观，为客户传递出积极的信号，因此获得了客户的好感和认同。有人说："着装打扮不是万能的，但打扮不好是万万不行的。"这话真有道理。如果你穿着得体，自然会信心大增。

　　一家效益很好的某企业销售经理范翔，为了给对方留下精明强干、时尚新潮的好印象，在与德国一家家电企业的董事长沟通时上身穿了一件T恤衫、下身穿了一条牛仔裤、脚上穿了一双旅游鞋。因为这一身打扮，经过多方努力争取来的沟通却没有成功。

　　在商务洽谈场合，一身不搭调的休闲服饰让客户感觉到了不受尊重，自然将订单收回了。身为经理的范翔要面对的客户是企业董事长，在与这种级别的客户沟通场合穿T恤和牛仔裤，是很不合理的，因为这显得对对方不尊重。这个故事中，对方因范翔穿着随便，觉得自己没有受到尊重而放弃了合作，确实可惜。所以在正式场合要穿西装、制服、套装、套裙、工作服等正式服装。因为庄重、保守、传统是公务场合对服装款式的基本要求。范翔经理所穿的T恤和牛仔裤也只适合休闲场合，而不适合在公务场合。

　　销售人员的着装一定要符合自身的性格、身份、年龄、性别、环境以及风俗习惯，不要赶时髦和佩戴过多的饰物。如果在穿戴方面过于引人注意，效果反而会适得其反。

　　在销售的过程中，你要想赢得别人的信任，就得在穿着上使自己看上去很得体，外表的魅力可以让你处处受欢迎。如果是一个不修边幅的销售员，他在第一印象上就失去了主动，还谈什么推销成功。

站出优雅，销售的时候更有气场

好的站姿对销售员来说是很重要的。站，不仅仅是一个人最基本的姿态，而且也是销售员举止优雅的基础。只有站好了，才能体现出一种专业的气质，就像维纳斯，不用任何语言，就能给人一种说不出的美感。销售员是为客户提供商品服务的，如果输在站的形象上，可就吃大亏了。

在销售员跟客户打交道的过程中，绝大多数的信息是通过举止这种无声的语言来传递的。销售员的姿态包括站姿、坐姿、表情以及身体所展示的各种动作。一个眼神、一个表情、一个微小的手势或体态都可以传达出重要的信息。销售员的行为举止可以反映出其修养水平、受教育和可信任程度。在与潜在客户的交流过程中，它是塑造个人良好形象的起点，更重要的是，它在体现个人形象的同时，也向外界展示了企业整体的文化精神。

站姿虽是个人举止的一个细节，不容忽视。一些销售人员在客户面前总是坐立不安、晃来晃去，结果给客户留下了非常不好的印象，他们的销售往往以失败告终。那么怎样才算"坐有坐相"呢？销售员到客户家或单位拜访时，不要太随便地坐下，而且在客户尚未坐定之前，销售人员不要先坐下，坐姿要端正，身体微往前倾，千万不可跷起二郎腿。因为这样不但不会让客户觉得你很亲切，反而会觉得你欠缺教养。

有一位销售人员几乎已经成功地说服了他的客户，可是当他们站到办公室的吧台前谈具体事宜时，他的站姿却坏了事：他歪歪斜斜地站在那里，一只脚还不停地点地，好像打拍子一样。这位客户觉得销售人员是在表示不耐烦和催促，于是，他就用"下一次再说吧"把这位销售人员打发走了。销售人员的不雅站姿，使得本该成功的交易一下子凝固了下来，这就是举止无礼的后果。

销售人员必须"站有站相"，因为良好的站姿能衬托出高雅的风度和庄重的气质。正确站姿的基本要点是挺直、稳重和灵活。

那么，销售员怎么站最得体呢？站姿的基本要领是：头要正，不东倒西歪；双目平视，切莫俯视斜看；嘴唇微闭，下颌微收，面部平和自然；双肩放松，稍向下沉，身体有向上的感觉，呼吸自然；双臂自然下垂于体侧，手指自然弯曲；腿要并拢立直，膝、两脚跟靠紧，脚尖分开呈 60 度，身体重心放在两脚中间。

要有挺拔的美感，就得尽量挺直躯干，且收腹、挺胸、立腰。竖看要有直立感，即以鼻子为中线的人体应大体成直线；横看要有开阔感，即肢体及身段应给人以舒展的感觉；侧看要有垂直感，即从耳至脚踝骨应大体成直线。

当然，这些只是日常生活中最基本的站姿，在不同的场合又有不同的要求。比如在职场中，肃立时要身体直立，双手置于身体两侧，双腿自然并拢，脚跟靠紧，脚掌分开呈"V"字形；直立时双臂下垂置于腹部，右手要搭握在左手四指，左手四指指尖不要露出。两脚可平行靠紧，也可前后略微错开。要注意的是，在这种正式的场所，千万不要将手插入裤袋或交叉在胸前，更不能下意识地做小动作，如摆弄衣角、咬手指甲等，这样做不仅有失仪态的庄重，而且给人的印象是缺乏自信。

正确的站姿不仅让你备感自信，更能赢得他人的尊重。仪态与自信是你在人群中脱颖而出的关键，优雅的姿态能给人留下深刻美好的第一印象。

在一个人还未开口说话的时候，站姿便表现了这名销售员内在的精神。

优雅的举止或动作的基本功在于姿势。学会优雅的站姿更是成为优雅女性的基础，以下三步教你站出优雅、站出魅力：

一、平肩、直颈、下颌微向后收，两眼平视。双手自然下垂，手臂自然弯曲，双腿要直，膝盖放松，大腿稍收紧。双脚并齐，两脚跟、脚尖并拢，身体重心落于前脚掌。

二、伸直背肌，双肩尽量展开微微后护，挺胸。重心从身体的中心稍向前方，并尽量提高；双掌轻轻搭在一起置于胸前乳房下方、肚脐上方的位置，这样会使身体重心上移，显得双腿更加修长。

三、双脚打开站立或双手环抱胸前的姿势，看起来都不雅观。女性的基本姿势是双脚并齐，脚跟、脚尖并拢。

保持优雅最重要的是检查自己的姿势。每天站在能照到全身的镜子前来确认姿势。此外利用街头橱窗来随时随地检查自己的姿势也很有效。不仅是姿势，如果能养成每天确认自己服装、表情等习惯，效果则会更好。

另外介绍站姿的七大禁忌：

一忌两腿交叉站立，因为它给人以不严肃、不稳重的感觉；

二忌双手或单手叉腰，因为它给人以大大咧咧、傲慢无礼的感觉，在异性面前则有挑逗之嫌；

三忌双手反背于背后，给人以傲慢的感觉；

四忌双手插入衣袋或裤袋中，显得拘谨、小气；

五忌弯腰驼背、左摇右晃、撅起臀部等不雅的站姿，给人留下懒惰、轻薄、不健康的印象；

六忌身体倚门、靠墙、靠柱，给人以懒散的感受；

七忌身体抖动或晃动，会给人留下漫不经心、轻浮或没有教养的印象。

销售人员在拜访客户时除了要注意自己的仪容和服饰外，还必须注意自己的行为举止，特别是站姿。销售人员站姿礼仪是销售礼仪培训中的一个方面，销售人员务必要做到举止高雅、落落大方，遵守一般的进退礼节，尽量避免各种不礼貌或不文明的习惯。这对销售人员来说很重要，因为客户是不会接受一个举止粗俗无礼的销售人员的，即使他的产品很好。

行为举止是一种无声的语言，是一个人性格、修养的外在体现，它会直接影响到客户对销售员的观感和评价，因此销售员在客户面前一定要做到举止高雅，坐、立、行、走都要大方得体。

交谈是把双刃剑，运用合理才促销

绝大多数的人都喜欢"说"而不喜欢"听"，他们往往认为只有"说"才能说服客户购买，但事实是：客户的需求期望只能由"听"来获得。试问，如果销售员不了解客户的期望，他又怎能达成销售的期望？

提醒各位销售人员千万不要自以为知道客户想要什么，必须仔细倾听他们所讲的每一句话，而且通过客户的谈话来鉴定他们最关心的问题，而后根据他们的需要提出合理化建议，只有这样，才能收到事半功倍的效果。

准确了解每位客户的需求

人的需要是无限的，没有止境的。我们都有这样的体会：我们买东西时，总是需要时才买它，否则，我们是不会掏腰包的。业务员要想把商品销售出去，要做的一件事就是：唤起客户对这种商品的需要。

被人誉为"销售之神"的原丰田汽车销售公司的总经理神谷正太郎有句名言："需要是创造出来的。"他曾采取多种手段挖掘客户对汽车的需要。

要想挖掘客户对商品的需要，首先应当对客户的需要种类进行了解。每个人都有需要，没有需要的人不可能是活人。著名心理学家马斯洛在潜心研究的基础上，把人的需要分为 5 个等级。

生理需要：生理需要是人类最原始、最基本的需要，包括饥、渴、性和其他生理机能的需要。这些生理性的需要在人的所有需要中是占绝对优势的。对于一个处于极端饥饿状态的人来说，除了食物没有别的兴趣，就是做梦也梦见食物。在这种极端的情况下，对化妆品的需要、对艺术作品的需要、对新衣服的需要、对新餐具的需要……总而言之，对一切非食品的需要统统退居后几位。

安全需要：当人的生理需要得到满足时，就会出现对安全的需要。这类需要包括生活得到保障、稳定、劳动安全、希望未来有保障，等等。

爱与归属的需要：这种需要是指人人都希望伙伴之间、同事之间关系融洽或保持友谊与忠诚，希望得到爱情，人人都希望爱别人，也渴望被人爱。

尊重需要：谁都不能容忍别人伤害自己的自尊，客户也如此。业务员要是一不留神，造成了对客户自尊心的伤害，那就甭想客户给业务员好脸色，甭想销售成功。

自我实现的需要：指实现个人的理想、抱负、发挥个人的能力到极限的需要。

了解客户的上述 5 种需要，从而有效地唤起他们的需要，这是每一个成功业务员都应该掌握的。

一个乡下来的小伙子去应聘城里"最大"的"应有尽有"的百货公司的销售员。老板问他："你以前做过销售员吗？"

他回答说："我以前是村里挨家挨户推销的小贩子。"老板喜欢他的机灵："你明天可以来上班了。等下班的时候，我会来看一下。"

一天的光阴对这个乡下来的穷小子来说太长了，而且还有些难熬。但是年轻人还是熬到了下午5点，差不多该下班了。老板真的来了，问他说："你今天做了几单买卖？""一单。"年轻人回答说。"只有一单？"老板很吃惊地说："我们这儿的售货员一天基本可以完成20到30单生意呢。你卖了多少钱？""300,000美元。"年轻人回答道。

"你怎么卖到那么多钱的？"目瞪口呆、半晌才回过神来的老板问道。

"是这样的，"乡下来的年轻人说，"一个男士进来买东西，我先卖给他一个小号的鱼钩，然后中号的鱼钩，最后大号的鱼钩。接着，我卖给他小号的鱼线，中号的鱼线，最后是大号的鱼线。我问他上哪儿钓鱼，他说海边。我建议他买条船，所以我带他到卖船的专柜，卖给他长20英尺有两个发动机的纵帆船。然后他说他的大众牌汽车可能拖不动这么大的船。我于是带他去汽车销售区，卖给他一辆丰田新款豪华型'巡洋舰'。"

老板后退两步，几乎难以置信地问道："一个客户仅仅来买个鱼钩，你就能卖给他这么多东西？"

"不是的，"乡下来的年轻售货员回答道，"他是来给他妻子买卫生棉的。我就告诉他'你的周末算是毁了，干吗不去钓鱼呢？'"

满足客户需求的19个要点

只要搭错一次车，你就到不了目的地。在销售过程中，可能只写错了一个字，你就无法销售出你的产品。因而，你跟客户讲的每一句话都要经过深思熟虑。下面是世界销售训练大师在课堂上提出的在行销时塑造产品价值的19条要求：

一、找到客户的问题或痛苦；

二、加重对方不购买的痛苦；

三、提出解决方案；

四、提出解决问题的资历；

五、列出产品对客户的所有好处；

六、解释你的产品为什么是最好的（理由）；

七、考虑一下我们是否可以送一些赠品；

八、我们有没有办法限时、限量供应产品（人最想得到他没有或得不到的东西）；

九、提供客户见证；

十、做一个价格的比较，解释为什么会物超所值；

十一、列出客户不买的所有理由；

十二、了解客户希望得到什么结果；

十三、要塑造客户对该产品的渴望度；

十四、解释客户应该购买你的产品的5个理由，然后写出证明；

十五、客户买你的产品的好处和坏处的分析；

十六、你跟竞争对手有哪些不一样的地方，要做比较；

十七、客户对该产品产生问题或疑问时的分析；

十八、解释你的产品为什么这么贵；

十九、列出客户今天就要购买你的产品的理由。

客户最关心的是产品的好处

客户为什么买业务员的产品而不去买其他家的产品？原因就在于业务员的产品可以解决问题。客户在听业务员介绍产品时，最关心的就是产品的好处，产品可以解决什么问题。

许多成功的业务员自然地把事实和好处联系起来，以好处为开端，从而引起潜在客户的注意。当首先听到利益时，潜在客户会更认真地聆听业务员的谈话。

在业务员对产品（服务）做评论时，还需要回答潜在客户未说出的问题："那些特点对我有什么好处？"当业务员列举出不符合对方的利益的事实时，许多潜在客户会想"这对我来讲有什么用呢？"或表述为："这里面对我有价值的部分是什么呢？"或简称为："与我何干？"当业务员向潜在客户陈述一项事实时，业务员得时刻想象这几个字正在对方的脑子里闪过。

推介产品的好处在于能清楚地说明为潜在客户提供的有价值的东西。业务员有可能夸大这些好处，但不要向潜在客户过度吹嘘，要将重点集中在潜在客户感兴趣的那些问题上。产品的好处在关键时候往往是化解客户反对意见的利器。

一般来说，客户购买业务员的产品而不购买其他产品是基于以下几个方面的考虑。

赚钱：股票经纪人通过技术性投资帮助人们赚钱；房地产商通过帮助客户获得能升值的不动产而帮助人们赚钱；电脑销售代表帮助人们赚钱，因为电脑使产出不断提高。

业务员在介绍产品时应该回答的问题是：我的产品（服务）怎样为客户提供利润或收入呢？

省钱：保险代理人通过帮助客户以最好的价钱购买最大限度的保护来帮助人们省钱；工业企业业务员通过提供折扣或寻找更加便宜而具有同样功效的替代品来帮助人们省钱。

业务员在介绍产品时应该回答的问题是：我的产品（服务）是怎样为客户节省货币开支的？

节省时间：如果客户购买设备的同时还得到了培训，这样做就节省了客户的时间。当房地产经纪人提前看过房地产目录，并挑选出符合潜在客户标准的那些房地产时，就节省了客户的时间。业务员在介绍产品时应该回答的问题是：我的产品（服务）是怎样为客户节省时间的？

认同：客户可能会因为购买某种产品从而提高了工作效率，使他们能够生活得更加轻松悠闲，所以他们对这种产品表示认同。一家小银行由于更加个性化的服务而得到了客户的认同？

业务员在介绍产品时应该回答的问题是：如何使我的客户认同我的产品（服务）？

安全感（内心的宁静）：客户如果感到他的资金得到合理运用，就会产生一种安全感，比如一家电脑公司提供随时的服务，客户会有安全感。安全感可以消除对于购买时的恐惧。

业务员在介绍产品时应该回答的问题是：我的产品（服务）是如何为客户带来安全感的？

方便（舒适）：能意味着像一辆新车带给客户没有噪音的享受一样，效率或安逸是对方便和舒适的另一种表述。一台新复印机意味着复印速度加快；一项新邮件服务意味着少跑几趟邮局。

业务员在介绍产品时应该回答的问题是：我的产品（服务）是怎

样为客户带来方便或舒适的？

灵活性：多种可供选择的付款方式显示了灵活性。多种式样或多样化的交货时间也起到同样效果。一项多样化的方案为客户提供了选择的权利。

业务员在介绍产品时应该回答的问题是：我的产品（服务）是怎样为客户带来灵活性的？

满意（可靠、快乐）：潜在客户通过研究"用户报告"，询问朋友以及查阅推荐目录，就可能对业务员的产品产生满意感。

个人的满意感来自自我改善或工作效率的提高。购买本书就可以获得这些好处。

快乐可能伴随着对于车辆、游艇、雪橇、录像机或其他娱乐产品的购买。

业务员在介绍产品时应该回答的问题是：我的产品（服务）是如何为客户带来满意感或快乐的？

地位：豪华轿车、个人电脑、度假别墅或一流的旅行，都是体现社会地位的购买行为。当购买一定等级或超过其他同事的产品时，客户就是在购买地位。十几岁的年轻人购买某种蓝色牛仔服，就是为了使自己看起来很"入流"。对物主身份的自豪感是显示地位的另一种方式。

业务员在介绍产品时应该回答的问题是：我的产品（服务）是如何为客户带来地位的满足感的？

健康：购买健康可能体现在对体育用品或体育馆会员证的购买。它可能是一项全面的健康计划，或请一位医疗专家来对付慢性病，它也可能是使伤害事故发生概率较小的新机器设备。

业务员在介绍产品时应该回答的问题是：我的产品（服务）是如何为客户带来健康的？

销售虚夸遭拒绝，实话实说被接纳

不论是与客户的会面沟通，还是接触客户的各种社交场合，要注意自己所说的话不要过分夸大其词，实话实说可以增加社交魅力，给客户留下良好的印象。但销售人员一味地夸夸其谈，丧失销售员基本的职业素养，只能是让客户对你更加反感，从而在不知不觉间丢掉了订单。

销售员对自己的产品充满信心无可厚非，但对产品夸大其词就是搬起石头砸自己的脚。有的销售员在向客户介绍产品时，总是喜欢夸大其词，什么"用了我们公司的化妆品保管您 10 天之内就像换了一个人似的。吃了我们公司的营养品，您的病一个星期就能好"。销售人员在推销产品时只顾吹嘘，尽量打动客户，让他们购买自己的产品，却忘记了尊重事实。我们要明白，夸大和说谎之间的界限是很小的，有些销售人员吹牛吹得没有分寸，其实已经相当于说谎了。更可悲的是，这些销售人员不久就开始相信自己所夸大的事实了。如果销售人员总是夸大自己产品的功效，而客户试用后却没有任何效果，那么今后无论销售人员再向客户介绍其他的什么产品，客户都不会相信了。

所以，销售员要给自己留后路，不要过分吹嘘产品的功能。因为客户在以后的使用中，终究会清楚销售人员所说的话是真是假。不能因为要达到销售业绩，就夸大产品的功能与价值，这势必会埋下一颗"定时炸弹"，一旦纠纷产生，后果就很难预料。有些销售人员确实会这样做，明明达不到的事情，却要信誓旦旦地去吹嘘，最后只能招致客户的反感和投诉。

让我们看看下面的故事，更能深刻体会到夸大其词对销售来说只是有百害而无一利。

有一位私营诊所医生，长年使用某药厂的药。突然有一天，这位医生完全不再使用该厂研制的药了。因为有一位销售员到他的诊所丢下一瓶药丸说："这个是所有气喘病人的特效药。"医生很生气地说："他还真有胆量对着我说这种瞎话，我的一些病人已使用过，一点都没有效果！"

有人问他："是不是真的完全都无效？"

"那倒不是如此，就解除症状而言，它是蛮有功效的，但是气喘是无法根治的，有太多的因素会使它发作，心理受到影响也可能是发作的因素之一。"

"你希望那位销售员怎么说呢？"这人又问他。

如果他对我说："肖医生，根据大量临床实验显示，这种药物对 80% 的气喘患者都能有效减轻症状。"我就会阅读那份报告，并增加处方量。老实说，那还算是不错的产品，但为什么他要向我过度吹嘘呢？"

对客户实在就是对自己实在，销售员夸大药品的功效，直接导致客户对其产生不信任，拒绝其的任何产品，这样的后果是可悲的。任何一个产品，都存在好的一面，同样，也存在不足的一面。作为销售人员理应站在客观的角度，清晰地与客户分析产品的优与劣，帮助客户"货比三家"，唯有知己知彼，才能让客户心服口服地接受产品。所以，要提醒销售人员的是：任何的欺骗与夸大其词的谎言都是销售的天敌，它会导致销售人员的事业不能长久发展。

一名资深销售员介绍他的推销经验：如果你是一个推销电脑财务软

件的销售员，必须非常清楚地了解客户为什么会购买财务软件。当客户购买一套财务软件时，他可能最在乎的并不是这套财务软件能做出多么漂亮的图表，而最主要的目的可能是希望能够用最有效率和最简单的方式，得到最精确的财务报告，进而节省更多的开支。所以，当销售员向客户介绍软件时，如果只把注意力放在解说这套财务软件如何使用，介绍这套财务软件能够做出多么漂亮的图表，可能对客户的影响并不大。如果你告诉客户，只要花1000元买这套财务软件，可以让他的公司每个月节省2000元的开支，或者增加2000元的利润，他就会对这套财务软件产生兴趣。

销售人员要明白不要绕着事实说瞎话，不要在它的边缘兜圈子，不要作歪曲或渲染。销售人员在向客户推介产品的时候，难免出现"王婆卖瓜，自卖自夸"的现象，信誓旦旦地保证产品效果，费尽心机地介绍产品卖点，绞尽脑汁地推销公司产品，但是因为客户的质疑、不信任或者不接受，难免出现宣传产品时夸大其词的现象。而一旦真相被揭穿，销售员也就很难从这个客户拿到业绩。

唯有显示自己产品的亮点才是销售的正道。在你接触一个新客户时，应该尽快地找出那些不同的购买原因当中，这位客户最关心的那一点。最简单有效地找出客户主要购买原因的方法是通过敏锐地观察以及提出有效的问题。另外一种方法也能有效地帮助我们找出客户的主要购买原因，这个方法就是询问曾经购买过我们产品的老客户，很诚恳地问他们："先生／小姐，请问当初是什么原因使您愿意购买我们的产品？"当你将所有老客户的主要的一两项购买原因找出来后，再加以分析，就能够很容易地发现他们当初购买产品的那些最重要的原因是哪些了。总之，花点技巧实话实说要比夸大其词好得多。

认真观察客户，投其所好没什么不好

"说别人喜欢听的话，双方都会有收获"，这也正是推销冠军们的成功法则之一。销售员要有一双察言观色的眼睛，从客户的兴趣点打开销售的突破口。打动人心的最佳方式，是跟对方谈论其最感兴趣的、最珍爱的事物，即投其所好。如果你这样做了，成功就会离你越来越近。

投其所好，是一门艺术、一种智慧，也是一种沟通的秘诀。它寻求的是不同职位、不同行业、不同经历的买卖双方的利益共同点。投其所好，能调动你销售的知识、才能以及各种优势，向客户发起的心理攻势，直至达到"俘获"对方的目的。

以客户为中心的做销售的技巧，改变了传统的销售模式，真正做到了以客户为中心，抓住客户的购买心理。其实客户并不是不买东西，而是他有更多自己的想法，有自己购买产品的一个标准。以客户为中心的销售模式，就是要由客户的购买流程来决定销售员的具体工作，使客户真正有上帝的感觉。

生产方便面的日本日清公司总经理安藤，事先分析了美国人的消费心理。他发现，美国人的生理需要和心理需要主要表现在减肥上，而低卡路里的方便面正适应这种需要。于是，日清公司把面条切得短些，以利于美国人用叉子吃；把汤的味道做得更符合美国人的口味；还给它起了个"杯面"的名称，适合于美国人用纸杯吃东西的习惯；再加了个副名："装在杯里的热牛奶"，"远远胜于快速汤"，正是由于采取了投其所好的销售策略，日本的方便面一进入美国市场，就受到美国人的热烈欢迎，销售量直线上升。

安藤"投其所好"的策略正是迎合了客户的兴趣，所以才打开了市场。当下行业间的竞争日益激烈，竞争方式也是层出不穷，这样就给了客户更多的选择机会，使客户真正感受到了自己身为上帝的优越感，同时也使他们有了可以挑拣的权利。在购买商品时可以在众多的品牌中选择最满意的产品，这就意味着传统销售模式越来越难以应付这种局面。

因此，销售员只有抓住了客户的兴趣和注意力，才能引发客户对你产品的兴趣，从而引起对产品购买的欲望。

丁先生是北京一家大规模公司直接负责 IT 产品采购的副总裁，有很多 IT 行业的生意人都拼命去拜访他，但这些人都从丁先生那里得出一个相同的结论：这个副总裁铁面无私，非常不容易接近。

但是有一天，大家却很奇怪地发现，丁先生居然把自己所有的采购订单都给了一个人。后来大家终于知道了那位生意人为什么能拿到丁先生那么一笔订单。其实原因很简单：丁先生有一个非常特殊的个人爱好，即一个孩提时的小运动——弹玻璃球，那位前来洽谈的生意人偶尔发现了这个信息后，就主动邀请丁先生去弹玻璃球，为此那个生意人还苦练了一段时间。就这样，他们两个有了一个共同的爱好，从那以后，丁先生就把所有的订单都给了那位和他一样喜欢弹玻璃球的生意人。

拥有跟客户一样的兴趣爱好，能够迅速拉近彼此间的距离，从而有效地促成销售。故事里的销售员通过细致观察找出客户特别的兴趣和爱好，使他与客户之间建立起一种非常独特、深厚、别人无法取代的信任关系。在和客户交往的过程中，身为销售员，一定要懂得迎合客户，要时刻观察客户的注意力和兴趣倾向。你可以看着客户的眼睛，当他的眼神飘忽不定的时候，说明他对你的话题已经产生了一定的抵触情绪或者失去了兴趣，那么你就要找出新的、可以调动他兴趣的话题。

实际上，投其所好就是一个引导和激发客户的过程。这种过程的表达方式是多种多样的，常见的主要有以下两点：

一、发现客户的"闪光点"

发掘并发现客户的"闪光点"，就是要善于发现对方美好的一面，从理解的角度真诚地去赞美别人。下面故事中的销售员就是用赞美对方的闪光点从而获得了业务。

有一位老妇人是一位保险销售员，她前来拜访哈维。她以一个善良的微笑和温暖的握手解除了哈维的"武装"，使他成为一个"心甘情愿的受害者"。这位销售员带来了一份全年的哈维主编的杂志《拿破仑·希尔的黄金定律》，滔滔不绝地向他谈她读杂志的感受，赞誉他"所从事的，是今天世界上任何人都比不上的最美好的工作"。她的话将哈维"迷惑"了45分钟，直到交谈的最后3分钟，她才巧妙地介绍自己所推销的保险的长处。最后，老妇人赢得了哈维的投保订单。

二、寻找客户的"兴趣点"

我们常常遇到过这样的情况：在与别人交谈时，对方并没有在听你说，而是在做别的事情，或者是嘴里应付着，眼睛却注意着其他地方……遇到这样的情况，你就应该尽快放弃你的话题，寻找客户感兴趣的"兴趣点"。

生活中，有许多人对他们业务以外的某种事情更有兴趣。通常一个人所做的工作，不是出于自愿，而是为了谋生。但在业余时间他所关心的事情，则是他自己所选择的。换句话说，他最感兴趣的事情是工作之外的事情。

总之，销售员要想成功就必须占据主动，尽快寻找客户感兴趣的话题，利用客户感兴趣的话题去接近客户，并且从你们的谈话中了解到对方真正感兴趣的事情和爱好。这样，你就会赢得客户的好感，进而把这种好感转变成客户对你的信任，你的生意也就水到渠成了。你在与客户沟通的时候，任何对交易有利的事情都应该把它重述一遍，而且你和客户交谈的时候一定要注意：不要让客户觉得你仅仅是为了生意而来，以免显得太过僵硬和死板，而要用自己的真诚和热情去打动你的客户。

手势也是一种不错的语言

作为一种非语言符号，销售员的手势如果应用得好，就会为自己的销售带来正面积极的作用。如果感觉自己的手势不好，应该是太紧张的缘故。交谈的时候要放松，手势要自然。熟悉产品知识、了解客户需求，坦诚沟通，你觉得舒服的时候，客户也觉得舒服。离销售成交就不远了。

手势有助于销售员更好地表达，并调节交谈的气氛。我们每一个人在谈话的过程中都会有不同的手势，只是有的手势是有助于我们表达的，有的却会令人讨厌。在销售交流的时候，最好不要出现用食指点指对方的手势，这样会让对方十分反感，也不要讲话时乱挥舞拳头，这些手势都是对客户不礼貌的。

手势作为一种极其复杂的符号，能够表达出一定的含义。在人际交往中，手势更能起到直接的沟通作用。对方向你伸出手，你迎上去握住它，这是表示友好与交往的诚意；如果你无动于衷地不伸出手，或懒懒地蜻蜓点水般握一下对方的手，则意味着你不愿与其交朋友；

鼓掌是表示赞许、感谢的意思。而在交谈中，你向对方伸出拇指，自然是表示夸奖，而若伸出小指，则是贬低对方。这些都是交往双方不言自明、不可随意滥用的符号。而人们常常因在销售交往中，不由自主地表现出一些不适当的手势动作，影响彼此之间业务的洽谈沟通。

所以，销售员手势的运用要规范和适度。与客户谈话时，手势不宜过多，动作不宜过大，要给人以一种优雅、含蓄和彬彬有礼的感觉。通常来说：掌心向上的手势有一种诚恳、尊重客户的含义；掌心向下的手势意味着不够坦率、缺乏诚意等。攥紧拳头暗示进攻和自卫，也表示愤怒。伸出手指来指点，是引起别人注意，含有教训人的意味。因此在指路、指示方向时，应注意手指自然并拢，掌心向上，以肘关节为支点，指示目标，切忌伸出食指来指点。

诚然，仅靠手势指示，而神态麻木或漫不经心是不行的，对你的销售也不会起到正面作用。只有靠面部的表情和肢体语言的配合，才能给客户一种热诚、舒心的感觉。

那么，销售员在商务活动中要掌握哪些手势的礼仪和技巧呢？

一、大小适度

在社交场合，应注意手势的大小幅度。手势的上界一般不应超过对方的视线，下界不低于自己的胸区，左右摆的范围不要太宽，应在人的胸前或右方进行。一般场合，手势动作幅度不宜过大，次数不宜过多，不宜重复。中国的沟通习惯和外国不一样，所谓的手势、目光接触是西式的沟通方式。在中国其实无所谓的。手势过多反而让人觉得不舒服，和有人盯着你的眼睛看感觉不舒服一样。

二、自然亲切

与客户交往的时候，多用柔和曲线的手势，少用生硬的直线条手势，以求拉近心理距离。

三、规避不良手势

　　具体是指与客户交谈的时候，说到自己不要用手指自己的鼻尖，而应用手掌按在胸口上；而谈到别人时，不能用手指别人，更忌讳背后对人指点等不礼貌的手势；初见新客户时，避免抓头发、玩饰物、掏鼻孔、剔牙齿、抬腕看表、高兴时拉袖子等粗鲁的手势动作；避免交谈时指手画脚、手势动作过多过大。

　　握手是商务环节中不可或缺的行为，销售员利用握手也能帮助自己创造出业绩。握手是我们在首次见面和告别时的礼貌动作，也是重要的肢体语言。销售员要根据不同的对象，选择不同的握手方式，对同性的长辈，要先用右手握住对方的右手，再用左手握住对方的右手手背。实际上就是双手相握，以表示对长辈的尊重和热情。对待同龄人、晚辈、同性，只要伸出右手，和对方紧紧一握就可以了。对待异性，特别是男性和女性握手，只应伸出右手，握住对方的 4 个指头就可以。有时女性对男性的反感就来源于握手，有的用力全握，有的抓住不放，都是不礼貌的，都会给对方留下不好的印象。

　　手势礼仪姿势，标准握手礼仪应是：

　　一、场合：一般在见面和离别时用。冬季握手应摘下手套，以示尊重对方。一般应站着握手，除非生病或特殊场合，但也要欠身握手，以示敬意。

　　二、谁先伸手：一般来说，和妇女、长者、主人、领导人、名人打交道时，为了尊重他们，把是否愿意握手的主动权赋予他们。但如果另一方先伸了手，妇女、长者、主人、领导人、名人等为了礼貌起见也应伸出手来握。见面时对方不伸手，则应向对方点头或鞠躬以示敬意。见面的对方如果是自己的长辈或贵宾，先伸出手，则应该快步走近，用双方握住对方的手，以示敬意，并问候对方"您好""见到您很高兴"等。

　　三、握手方式：和新客户握手时，应伸出右手，掌心向左，虎口向上，以轻触对方为准。如果男士和女士握手，则男士应轻轻握住女士的手指部分。时间一到三秒钟，轻轻摇动一至三下。

四、握手力量轻重：根据双方交往程度确定。和新客户握手应轻握，但不可绵软无力；和老客户握应当重些，表明礼貌、热情。

五、握手时表情应自然、面带微笑，眼睛注视对方。

作为一种重要的沟通工具，手势被许多销售员成功地应用，它可以渲染与客户之间谈话的氛围，能够帮助销售员建立起强大的信心。手势应用得当，客户从中可以看出你的专业素养和你对产品的信赖程度，但销售人员应尽量避免不良动作，尽快地调整自己的手势礼仪，为自己的销售工作添砖加瓦。

赞美——全球畅通无阻的通行证

作为一名销售人员，更要学会赞美和欣赏自己的客户，真诚地给客户以赞美，并针对客户的优势适当地请教客户问题，多加肯定。掌握赞美和请教的技巧，让客户喜欢你、相信你、接受你，从而购买你的商品。从心理需求的角度来讲，喜欢听到别人的赞美，希望得到别人的认可是人之常情，无可厚非，因为没有任何人会喜欢否定和指责。

什么是赞美？赞美就是把客户身上确实存在的优点强调给对方听。那么什么是请教？请教就是挖掘出对方身上的优点并请求对方进行传授和分享。心理学研究发现，现实生活中，每个人都渴望得到别人的赞美和欣赏，更希望别人向他请教，从而体现出自身的价值，获得心理上的满足感和优越感。

哈佛心理学家威廉詹姆斯说："人类最基本的相同点，就是渴望被别人欣赏和成为重要人物的欲望。"毫不吝惜地赞美，毫无保留地请教在生活中，赞美无处不在。当你夸赞一个女孩说："小姐，你真漂亮！"她会谦虚地说："哪里啊，谢谢你！"当你夸赞一位男士说："先生，你真绅士！"他会愉快地回答："过奖！过奖了！"当你以请教的口吻称赞你的消费者说："李太太，您穿上这件衣服越发显得年轻漂亮，而且更有气质了，您平时是怎么保养的啊？！"她就会高兴地说："那就给我包起来吧，我买了。"一句话就能够让客户下定决心购买？的确，这就是赞美的力量。因为，客户因为我们的赞美得到了极大的心理满足。

随着销售经验的日渐丰富，比恩·崔西总结了一条人性定律：没有哪个客户不爱被赞美，只有不会赞美别人的人。

一天，比恩·崔西到某家公司推销图书，办公室里的员工选了很多书，正要准备付钱，忽然进来了一个人，大声说道："这些跟垃圾似的书到处都有，要它干什么？"

崔西正准备向他露一个笑脸，他接着就甩过来一句话："你别到我这儿推销，我肯定不会要，我保证不会要。"

"您说得很对，您怎么会要这些书呢？明眼人一下子都能看出来，您读过很多书，很有文化素养，很有气质，要是您有弟弟或者妹妹，他们一定会以您为荣耀，一定会很尊重您的。"崔西微笑着，不紧不慢地说。

"你怎么知道我有弟弟妹妹的？"那位先生有点兴趣了。

崔西回答："当我看到您时，您给我的感觉就有一种大哥的风范，我想，谁要是有您这样的哥哥，谁就真的是很幸运的人！"

接下来，崔西和那个人进行了气氛友好的谈话，两人聊了十多分钟。最后，那位先生以支持崔西这位兄弟工作为由，为他自己的弟弟选购了5套书。

　　崔西并不吝啬自己的赞誉之词，让跟自己唱反调的人做成了生意。值得注意的是，客户虽然喜欢销售人员的赞美和恭维，但是却并不喜欢他们露骨的溜须拍马。当你夸奖的话连客户自己都认为不现实时，就会遭到客户的反感，认为你这个人圆滑、虚伪，而不愿意购买你的东西。

　　所以说，赞美的恭维话要说得巧妙，要不显山露水，要恰到好处，不过分夸张，要发现客户最引以为豪的地方并适当地赞美，使对方听后感到合乎心意，这样，被恭维的人才会欣然接受。而现实生活中，许多销售人员有时说话不经过大脑，他们到客户那里去销售产品，本来是想恭维客户，但说出来却让客户听了很生气。例如，某销售人员想夸奖客户家的房子，说出来的却是："你家这楼真难爬！"想表达客户穿上自己销售的衣服会很漂亮，却指着客户的衣服说："你这件衣服不好看，一点儿都不适合你。"这些脱口而出的话语可能是销售人员的无心之语，只是想恭维一下客户而已，却反而让客户以为是在嘲笑自己，让人听了很不舒服。犯了这样的错误，客户肯定不会购买你的商品。

　　曹慧是一家服装店的老板。她的服装店在整条街中的位置不是最好的，但生意却是最好的。

　　一天，有一对年轻夫妇到她的店中看衣服，曹慧连忙热情招呼。曹慧是一个活泼开朗、待人亲切的女孩，是那种让人一看见就感觉喜欢和信赖的人。

　　曹慧说："小姐，这真是一件漂亮的大衣，我确定您一看到它就有一种拥有的欲望，不是吗？"

　　那位小姐说："好是好，只是太贵了。"

　　"我想，您大概只看到价格标签了，您还应该看看这个。"曹慧打开商品，"您看看这个标签，这个牌子本身就很名贵，而且信誉十分有保障，穿上这件衣服，您就拥有了品质与满意。况且这件大衣您能穿很长时间，它既漂亮又实用，绝对值得。来，您试穿一下，我想您一穿上它，就舍不得脱了。"

等那位小姐试穿完后，曹慧说："怎么样，感觉很好吧？"

"感觉很好，只是价格太贵了。"

"您听我说，您可以把这个价格除以5，因为这件大衣您至少可以穿5年，而且5年后，您还可以根据需要把它改装成其他的样式，这样看起来是相当划算的。"

"当您参加同学的婚礼或某一个重要的宴会时，您穿着这件品质一流的貂皮大衣一定会给您增色不少。您说呢？"

说完，曹慧看看那位小姐，又看看那位先生，说："小姐，您真幸运，有许多太太到这儿看上这件大衣，可是，她们的先生却不让她们得到这件漂亮的大衣。"

她的一席话说得这对年轻夫妇心花怒放，最后决定买下这件价值不菲的貂皮大衣。

要想促成自己的销售，就要学会逢迎对方的虚荣心，多说奉承话，让客户心情愉快。在这种友好、和谐、轻松的谈话环境下，客户就会渐渐放松原先的戒备心态，对你所讲的话题感兴趣，也愿意和你交谈下去，在这种情况下，销售成功就很容易了。

被认同被赞美是多数人的需要，从马斯洛的需求层次来讲，尊重自我实现是一个较高层次的需求，它一般表现为荣誉感和成就感。而荣誉的取得还需得到社会的认可，而这种认可通常表现为别人真心实意的赞美和尊重。卡耐基说："人性的弱点之一就是喜欢别人的赞美。"这个世界上没有人会对别人善意的赞美感到不高兴。因此，如果销售人员能够抓住客户的心理，适时地进行赞美，获得客户的好感，那么销售成功的概率就会大大提高了！

开场白，精彩拉近与客户之间的距离

销售员向客户推销商品的时候，一个有创意的开头十分重要。好的开场白能打破客户对销售员的戒备心理，拉近销售员与客户之间的距离，为下一步的推销工作开一个好头。所以，设计好开场白十分重要。

一段精彩的开场白，不仅可以成功地向客户介绍自己以及自己要销售的产品，而且还为以后的良好沟通奠定了坚实的基础。为此，销售人员不妨在见到客户之前就针对自己的销售目标和客户的实际需求对开场白进行一番精心设计。

好的开场白不仅会给客户留下深刻的印象，而且还能引起客户对你接下来言谈举止的强烈兴趣。可以说，一个吸引人的开场白，就已经使一次销售成功地实现了一半。对于销售人员来说，在与客户沟通的过程中，一段好的开场白能够起到的作用，不仅仅是成功地向客户介绍自己以及自己要销售的产品，而且还为后来的良好沟通奠定了坚实的基础。为此，销售人员不妨在见到客户之前就针对自己的销售目标和客户的实际需求对开场白进行一番精心设计。

贝尔那·拉弟埃是"空中汽车"收音机制造公司的著名销售专家，当他被推荐到"空中汽车"公司中，他面临的第一项挑战就是向印度销售汽车。这是件棘手的任务，因为这笔交易已由印度政府初审却未被批准。能否重新寻找成功的机会，全靠特派员的沟通本领了。作为特派员，拉弟埃深知肩上的重任，他稍作准备就飞赴新德里。接待他的是印航主席拉尔少将。拉弟埃到印度后，对他的沟通对象讲的第一句话是："正因为你，使我有机会在我生日这一天又回到了我的出生地。"这个开场白拉近了拉弟埃与拉尔少将的距离。不用说，拉弟埃的印度之行取得了成功。

拉弟埃印度之行获得了销售的成功，关键在于他设计了一句精彩的开场白，它简明扼要，内涵却极为丰富。它不仅感谢主人慷慨赐予的机会，让他在自己生日这个值得纪念的日子来到印度，而且富有意义的是，印度是他的出生地，这样立刻拉近了与客户之间的距离。

对客户进行访谈或者进行交流时，如果双方心理距离太远，往往遮遮掩掩地你来我往，难以进行实质性的沟通，因此如何拉近与客户的心理距离是非常重要的。水平高的顾问没几句话就和客户像老朋友似的，除了能力和水平外，事实上是有些技巧的。

开场白要有引人入胜、一鸣惊人的效果，你的话能成为大家的焦点，那么你的目的就能很快达到。我们知道，开场白要达到的目标就是吸引对方的注意力，引起客户的兴趣，让客户乐于与我们继续交谈下去。所以在开场白中陈述能给客户带来什么利益就非常重要。即使针对老客户，开场白也不能马虎。

销售员：我是×××公司的李明，最近可好？

老客户：最近太忙呀。

销售员：嗯，那您要好好保重身体，您看看我今天可不可以帮您缓解一些工作上的压力？我们最近刚推出一种服务套餐。您成为我们会员后，今后有什么要查询的资料可以委托我们全权查询。我们可以给您最快时间内完成，或者每次将您的资料提供给我们，我们的顾问将会把需要的资料整理好发送给您，这样可以缓解您的工作压力了吧，而且我今天先给您免费提供一次，让您好好轻松一下，如何？

对于老客户，开场白虽不必精心设计，但也要针对该客户的性格特点选择恰当的交流方式。可要陈述利益并不是一件容易的事，这不仅仅要求掌握对方的详细资料，还要能够切合对方的心理，这才是关键所在。

开场白如何吸引对方的注意力，有两种常用的方法：一是提及客户现在可能最关心的问题；二是去赞美对方，但需要掌握一定的度，如果言过其实，效果就差远了。销售人员要发自内心真诚地赞美客户。每个人都喜欢听到好听话，客户也不例外。因此，赞美就成为接近客户的好方法。赞美准客户必须要找出别人可能忽略的特点，而让准客户知道你的话是真诚的。

注意了这两个方面，基本上开场白就能够定下融洽的基调。当然，还有一个重要的方面，就是在与客户交谈的时候，一定要以积极开朗的语气对客户表达问候。销售人员与准客户交谈之前，需要适当的开场白。开场白的好坏，几乎可以决定这一次访问的成败。

开场白要达到的主要目标之一就是吸引对方的注意，引起客户的兴趣，增进与客户的进一步交流，达到成交的目的。下面介绍精彩的开场白常见的几种方法：

一、在半分钟内给客户一个惊喜。

二、陈述你的商品与众不同之处，例如"最大""唯一"等。

三、谈论客户所熟悉的话题，如"最近我在报纸上看到一篇您写的文章"。

四、赞美客户，如"我听您同事讲您在收藏品领域很有研究，所以，也想同您交流下"。

一段精彩的开场白，不仅可以成功地向客户介绍自己以及自己要销售的产品，而且还为后来的良好沟通奠定了坚实的基础。为此，销售人员不妨在见到客户之前就针对自己的销售目标和客户的实际需求对开场白进行一番精心设计。

打断客户的话就是在打翻自己的产品

不要随意打断客户的话，认真聆听方可让自己的产品有售出的希望。聆听的要旨是对某人所说的话"表示有兴趣"。如果发言者谈论的内容确实无聊且讲话速度又慢，我们可以转变自己的想法，所谓"三人行必有我师"，设想聆听这场谈话或多或少都可使自己获益，那么在聆听别人谈话时就会自然流露出敬意，这也才是有礼貌的表现。

在与客户沟通的过程中，假如你的客户善于表达，销售员就不要随意打断对方的谈话，并要在客户停顿时给予积极的回应，如夸奖对方说话生动形象、富有幽默感等，或者在对方停顿时表示赞同，让明自己在认真倾听；如果客户不善言辞，就不要只顾自己滔滔不绝地说话，而应该通过引导性的话语或询问，来让客户参与到沟通当中。

在与客户交流的时候，销售员可以在适当的时候，恰当地提出异议，但千万不要打断客户的话。

我们先看下面的一段对话：

销售员："先生，通过观察贵厂的情况，我发现你们自己维修花的钱比雇用我们干还要多，是这样的吧？"

客户："我也认为我们自己干是不太划算，我承认你们的维修服务不错，但是毕竟你们缺乏电子方面的……"

销售员："对不起，请允许我插一句……不过有一点我想说明一下，任何人都不是天才，修理汽车需要特殊的设备和材料，比如，真空泵、钻孔机、曲轴……”

客户："是的，不过，你误解了我们的意思，我想说的是……"

销售员："我明白你的意思，就算你的部下绝顶聪明，也不能在没有专用设备的条件下干出有水平的活来……"

客户："请等一下，先生，只等一分钟，让我只说一句话，如果你认为……"

在这段对话中，销售员几次三番打断客户的述说，这是销售中的一大忌。如果采用上述这种对话方式，销售是根本没有希望的。

客户都希望自己受到尊重，包括自己说话的时候不被外界所打断。英国克兰菲尔傅管理学院的 HE·麦克唐纳博士在他编撰的《神奇推销术》一书中，发表这样的看法："让客户充分表达他的异议，即使你知道他下一句要说什么，也不要试图打断他。对客户要有礼貌，要认真听他所说的，尽力作出反应，给予巧妙的而非狡诈、装腔作势的回答。没有一个买主会喜欢自作聪明的销售员，除非销售员表现出对买主及其问题很有兴趣，否则他永远不会赢得客户的信任。"

在日本的长岛，一位商人带着一个苏格兰人看过了很多二手汽车，但是苏格兰人总是觉得不合适、不好用或者价格太高，迟迟不作购买的决定。为此商人感到非常苦恼，于是他向他的同学求助。同学建议他暂时停止向这位客户推销汽车，让客户告诉他应该怎么做。

几天后，一位客户想要把自己的旧车换成新车，汽车商人看到这辆旧车，知道那位苏格兰人一定会喜欢，于是他想到了一个很好的推销办法。他打电话邀请这位苏格兰人，说有事情要请教。苏格兰人听到商人要向他请教，心里很高兴，于是来到了商人的汽车商店。汽车商人礼貌地问道："我觉得您是一个非常精明的买主，能够准确地把握汽车的价值，您能帮我试试这辆车的性能吗？然后告诉我，花多少钱买这辆车才划算。"

苏格兰人感到非常得意，觉得自己很有实力，居然连汽车商人都会请教他关于汽车的问题。他把车子开了出去，等他开回来时，他语气坚定地告诉汽车商人："这辆车值 300 元，如果是这样那你就买对了。"

"那如果是以 300 元的价格把这辆车卖给您，您愿意吗？"

果然，那苏格兰人最终爽快地买下了这辆汽车。

其实把客户当作请教的对象，不随意打断客户的说话，这样通常会让对方感到很愉快，并对销售人员表现出好感，对于地位高的客户更是如此，而且非常有效。而销售人员需要注意的是，请教要真心，并且要注意聆听，不要轻易地去打断客户的谈话。如果客户谈下去的越多，意味着他们也越有兴趣，对销售人员成交的概率也就越有利。

一名优秀的销售员应当掌握与客户交谈的 4 个要点是：注意、接受、引申话题和欣赏。

一、注意

倾听客户说话时，眼睛注视说话的人，将注意力始终集中在别人谈话的内容上，给予对方一个畅所欲言的空间，不抢话题，表现出一种认真、耐心、虚心的态度。

二、接受

与客户交谈时，通过赞同的微笑、肯定的点头，或者手势、体态等作出积极的反应，表现出对谈话内容的兴趣和对谈话对方的接纳与尊重。

三、引申话题

通过对某些谈话内容的重复和对谈话对方情感的重述，或通过提出某些恰当的问题，表现出对谈话内容的理解，同时帮助对方完成叙述，从而使话题进一步深入。

四、欣赏

在倾听中找出对方的优点，显示出发自内心的赞叹，给予总结性的高度评价。欣赏使沟通变得轻松愉快，它是良性沟通不可缺少的润滑剂。

在客户倾诉的时候，尽量不要打断对方说话，大脑思维紧紧跟着他的诉说走，要用脑而不是用耳听。要学会理性的善感。理性的善感就是忧其而忧，乐其而乐，急其所需。这种时候常常要配合眼神和肢体语言，轻柔地看着对方的鼻尖，如果明白了客户诉说的内容，要不时地点头示意。必要的时候，用自己的语言，重复对方所说的内容，就很容易博得客户的信赖，从而促成销售。

人脉网即销售网，用心布设和扩展

销售做的是人际关系，比如销售员的名片，无论何时何地只要出门，就要带着你的名片，这样可以随时发给他人，也随时可以与他人交换名片。商机就是在人脉中被发掘的。

人脉等于销售网，为了销售事业获得成功，销售员必须懂得去经营人脉。销售员应该将自身的目标放在阶梯的顶端。为了到达顶端，他们必须扮演好销售人员这个角色，包括：成为客户的顾问，提供专业的意见；展现长期结盟者的忠诚与爱护；站在客户的立场整合各项资源；对前景抱着乐观的态度；持续培育业务关系及机会等。

想成为一位令人信任的销售员并不是一件容易的事，而这样的事也不可能在一夕之间发生。因此，从现在开始就为成为客户的长期伙伴而努力！首先，建立起客户对你的信心，并展现出客户对他的伙伴必定要求的品质，包括正直、信赖，以及优良的产品及服务。

与客户结交成朋友，才会拉近你们彼此间的合作距离。

每位客户都更看重售后服务

也许你已经完成了整个推销程序，到了客户即将签署订单的时候了。但是，在此仍然想提醒你的，就是一次真正的销售是永远不会真正结束的。一百年前，有一位意大利的爱国志士马志尼曾经说过："胜利的明天要比胜利的前夜更为艰险。"你获得一张签了字的订货单，这不过是表示你完成了推销的初步工作而已。只要你的货品的质量稍微差一点，或者当时服务稍不周到，客户就可能会中止与你的交易。换句话说，推销并不是仅仅收到订货单就算了事，你就可以不管你的客户与货品日后的情况了。要记住，在推销完毕之后，你所需要发挥的工作精神，比在推销完毕之前还要多。

如果你认为这是矛盾的话，那么让我们提出一两件假定的事例来研究一下。譬如说，现在有一位推销罐头食品的业务员，他是一家食品公司或其经纪人所雇用的，他去访问一些零售商。你常可以看到，一般人对于经纪人的业务员都是看不起的，他们都认为这些"特殊的业务员"是些只会"收取订货单的人"。在许多场合，这种轻视还是说得过去的。过去有许多业务员确实像机器人似的，每天出去时手中总是拿着一本订货簿，见了人总是用一句推销上的口头禅："钟先生，今天您要多少箱？"但是一位真正想"为客户而工作"的业务员却不是这样。他会认真地分析这位钟先生和他的商店的情况，他还会去研究其附近地区的情形，从而了解该地区一般家庭的情况。因为他知道，如果当地一般家庭只能买0.35元一瓶的汽水，那么去推销0.45元一瓶的汽水是没有用的。此外，他还进一步研究附近居民的籍贯及来源，如果其中上海人比较多，那么在这个地区销售上海风味的食品，就会适销对路。

这位业务员还向钟先生及其店员讲解有关其产品的推销要点，比如，他会给他们指点如何才能使他们的店面更能吸引客户。因此，他已成为一位真正为客户服务的业务员了。这样的业务员清楚地知道自己推销给钟先生的货品，钟先生能够很快地转卖出去，否则这种交易不会长久。

通常大家不大需要的货品，经过"特殊的业务员"一番讲解以后，大家都会需要了。这不正是由于他对别人的影响力特别大吗？但其影响力之所以大的原因，却不仅仅是由于他在推销时所做的工作，更重要的，是在于他在推销以后，能继续为客户服务。订单固然已经签订了，但这还不能说客户已完全决定买了，可能只决定了一半，也可能只决定了四分之三。客户对于所签购的货物仍然可能产生怀疑，因为他们还没有完全认识到货品优点之所在。这时业务员就要不断地继续工作，使他们能尽快地了解信息。

有一些售后跟进服务客户会更高兴

售后的跟进服务有不同的方式，应该根据不同的客户和不同的情况选择不同的方式。一个方法不能用于所有客户。下面的例子，显示了怎样用不同方法配合不同的客户及不同的购物内容。

一、电话留言

史密斯先生：

我是 The Well Helled 公司的安琪，我想通知您一下，您订的靴子到了。我们的记录显示上星期五已送货，如果您仍未收到，或者您要知道任何有关您订单的情况，请致电给我（电话号码是：……），如果一切满意则无需回复。非常感谢您给我为您服务的机会，并希望您以后在有同样的需要时再来找我。

安琪敬上
×年×月×日

二、致谢信

亲爱的罗德太太：

非常高兴能帮助您选到一张适合在您花园使用的长凳。记得您曾经谈及经常有群鸟造访您的花园，大概您正在鸟语花香中，愉快地品尝你的咖啡和点心。请再次光临我们 Gracious Garden 公司，我很有兴趣聆听您的种植心得。

夏格敬上
×年×月×日

三、电子邮件

亲爱的罗丝小姐：

我想确认一下，您的新计算机台是否适合你想要安放的位置，希望您阅读此信时，这张新的工作台能令您感到惬意。如果您有更多家居办公设备的需要，请致电给我。谢谢！

吉田敬上
×年×月×日

利用好售后跟进服务的礼仪

在计划跟进服务时，除了要考虑怎样用不同方法配合不同的客户及不同的购物内容外，还要顾及其他因素。首先要确定的是，这位客户是否需要售后跟进服务。

是否跟进：并非客户买什么商品都要作售后服务的。你不必向一位刚买了一支0.9元圆珠笔的客户查询，他是否满意他买到的笔。但是，如果那位客户告诉你，他买这笔是作为试用，以便决定是否为他的公司作大量订购。此时你才需要进行跟进的售后服务。

某些商品价值较高（如家具或者计算机等），易在运送途中出现损毁现象。因此，客户买了这类商品之后，售货员要向客户查询商品是否安全到达，但这些查询要在送货之后进行，不要在送货之前。

你还可以询问客户送货员是否有礼貌，以及是否小心处理商品。因为送货员的良好表现，也是你们取得客户信任的因素之一。

精明地致电：并非每个客户都愿意在繁忙时接听售货员打来的电话。因此，服务员要确定一宗交易实在有必要用电话作出售后跟进时才可以这样做，并要选择最合适的时间与地点。

大多数电话推销员会选择在晚饭时间打电话，因为他们知道在该段时间，多数人都会在家。实际上很多客户都讨厌在晚饭时间受到这样的打扰（除非客户特别指明要你在晚上致电给他）。

最好是在白天打电话，如有需要就留下口讯。在大多数情况下，留下这样的口信，人们很容易接受。请看下例：

售货员："我是Computer Store的泰莱，想确认一下您订的个人计算机是否已送达。我很高兴能帮助您选择一个适合令郎的计算机。如果计算机已送达府上，并且没有什么问题，则不必回复。但如果您的计算机或软件有任何问题需要我效劳，请致电 1234 — 5678。"

这样的跟进服务，既把控制权交到客户手上，又不致令客户产生不必要的压力。

保持专业水准　偶尔给你的熟客寄出明信片，是维持你与客户关系的非常有效的方法，亦不唐突。你可用手写明信片以示亲切，但不要太急于表示和客户熟悉，以致写上了令他觉得不安或不恰当的东西。例如：你可以写给安妮说，希望她所买的婚纱、鞋子，在婚礼中穿着时觉得舒适。但你不要在明信片上问她，在招待宾客时是否喝了太多的香槟。

采用明信片与客户联系时必须谨慎，因为内容可能被他人看到。例如，如果你要跟进服务的是一宗购买礼品的交易，你便要采用加信封的明信片。

不要造成打扰　不要给你的熟客寄出大量明信片，打过多电话，令对方不胜其扰。与客户保持联系时，必须让客户感到愉快。一宗交易之后，给客户发出一则简短的致意便条，是可以接受的；也可以间歇与客户联系，把你会觉得有用的信息送上，如大减价通知、推广活动日程等。但这不代表你可以在客户的门前守候、在客户的汽车挡风玻璃上留致意便条。

以客户最佳的利益为重　大多数商家都会做广告宣传减价或进行其他推广活动，但客户不一定注意到这些广告。客户常会喜欢收到明信片提醒他们有重要的活动、提醒他们在圣诞节可优惠购物或者提醒他们生日在卖场购物有优惠，这些都会给客户以特别的感受，让客户体会到你是为他们最佳的利益着想。有你亲手写出的致意文字，亦可能促使他们经常光临你的卖场。

保持联系　要了解客户及准备好客户的资料记录。利用你的客户资料系统,把客户所要求的及有兴趣的商品记录备案。如果你的卖场当时未能提供这些商品,那么,等这些商品一到货,你要通知你的客户。就算客户不再需要那些商品,他通常也会感谢你的关注。

认真对待客户身边的每个人

忠实于客户,就要认真对待客户身边的每个人。不管决策人身边的哪个人提出异议,销售员都要说到做到,真正做到"快速响应"。一旦给客户进行了承诺,那么接下来的工作,就是全力以赴完成我们的"承诺",做到"说到做到",重视客户身边的每个人及每个意见,给予客户最大的信任。

销售员不能只对"决策人"好,其实,客户身边的每一个人都值得你去重视。因为决策人身后,还有把关人、体验人等多种角色,忽视了任何一个,都会对你的产品销售产生致命的打击。每一位客户身后,大体有250名亲朋好友。如果你赢得了一位客户的好感,就意味着赢得了250个人的好感;反之,如果你得罪了一名客户,也就意味着得罪了250名客户。这是美国推销员乔·吉拉德总结出的"250定律"。这说明必须认真对待身边每个人,因为每个人的身后都有一个相对稳定的、数量不小的群体。销售员朋友,你是否真正重视起客户身边的每个人了呢?

对待客户,不能厚此薄彼。对客户身边的人,销售员也必须足够重视起来,因为你不知道那个人对你订单会产生什么样的影响?也不知道他是否是你未来的潜在客户?当客户提出需求时,我们要在第一时间给予对方一个明确的时间。比如说,客户的一个下级人员要求我们提供一个全面的解决方案和报价，我们要仔细询问对方的具体需求，评估设计这个解决方案和报价大概需要多长时间，然后告诉他，"我们会在某个时间内给您发送过去"。

乔·吉拉德曾说销售员最重要的工作之一就是，常设法让人们知道他对客户真的很感兴趣。

譬如，当一位满身尘土、头戴安全帽的客户走进来的时候，乔就会说："嗨，你一定在建筑行业工作吧。"很多人都喜欢谈论自己，于是乔尽量让他无拘无束地打开话匣子。

"您说得对。"他回答道。

"那您负责什么？钢材还是混凝土？"乔又提了一个问题想让他谈下去。

乔记得有一次，当他问一位客户做什么工作时，他回答说："我在一家螺丝机械厂上班。"

"别开玩笑……那您每天都做些什么？"

"造螺丝钉。"

"真的吗？我还从来没见过怎么造螺丝钉。哪一天方便的话，我真想上你们那看看，您欢迎吗？"

乔只想让他知道乔重视他的工作。或许在这之前，从未有谁怀着浓厚的兴趣问过他这些问题。相反，一个糟糕的汽车销售员可能嘲弄他说："你在造螺丝钉？——你大概把自己也拧坏了吧，瞧你那身皱皱巴巴的脏衣服。"

等到有一天乔特意去工厂拜访他的时候，看得出他真是喜出望外。他把乔介绍给年轻的工友们，并且自豪地说："我就是从这位先生那儿买的车。"乔呢，趁机送给每人一张名片，正是通过这种策略，乔获得了更多的生意。

当乔的一位客户光顾他的生意时，即使他们已有5年没有打过交道，乔也要让他感到他们似乎昨天刚见过面，而且乔真的很想念他。

"哎呀，比尔，好久不见。你都躲到哪儿去了？"乔微笑着，热情地招呼他。

"嗯，你看，我现在才来买你的车。"他抱歉地对乔说道。

"难道你不买车，就不愿顺道进来看看，打声招呼？我还以为我们是朋友呢。"

"是的，我一直把你当朋友，乔。"

"你每天上下班都经过我的展销室，比尔，从现在起，我请你每天都进来坐坐，哪怕是一小会儿也好。现在请跟我到办公室去，告诉我最近你在忙些什么？"

或许当你走出一家饭店的时候，你会对身边的同伴说："我再也不上这儿吃饭了。"那你知道饭店的名气是怎样建立起来的吗？答案正是客人们的那张嘴，因为一个人会对另一个人说这家饭店的服务如何如何好。这个国家的著名饭店会提供热情周到的服务，甚至连那些在厨房里忙碌的员工也会注意让用餐的客人吃得满意。

乔也想让他的客人心满意足地离开他的办公室，就像客人心满意足地离开那些大饭店一样。

乔记得曾经有一位中年妇女走进他的展销室，说她只想在这儿看看车，打发一会儿时间。她说她想买一辆福特车，可大街上那位销售员却让她一小时以后再去找他。另外，她告诉乔她已经打定主意买一辆白色的双门厢式福特轿车，就像她表姐的那辆。她还说："这是给我自己的生日礼物，今天是我55岁生日！"

"生日快乐！夫人。"乔说。然后，乔找了一个借口说要出去一下。

等乔返回的时候，乔对她说："夫人，既然您有空，请允许我介绍一种我们的双门厢式轿车——也是白色的。"

大约15分钟后，一位女秘书走了进来，递给乔一打玫瑰花。"这不是给我的。"乔说，"今天不是我生日。"他把花送给了那位妇女。"祝您福寿无疆！尊敬的夫人。"

显然，她很受感动，眼眶都湿润了。"已经很久没有人给我送花了。"她告诉乔。

闲谈中，她对乔讲起她想买的福特车。"那个销售员真是差劲！我猜想他一定是因为看到我开着一辆旧车，就以为我买不起新车。我正在看车的时候，那个销售员却突然说他要出去收一笔欠款，叫我等他回来。所以，我就上你这儿来了。"

大家一定猜得到她最终并没有去买福特，而是从乔这里买了一辆雪弗莱，并且写了一张全额支票。这些事例是不是给了你一些启发呢？当你让客户感到他很受重视的时候，他们甚至愿意放弃原来的选择，转而购买你的产品。

重视客户身边的每一个人，从而扩大销售的影响力；重视客户的细枝末节，从而用自己的真诚打动客户。在推销当中，我们每个人都会自我感觉良好，但是最重要的是能让客户也这么想，这就要求我们关注细节，认真对待客户身边的每一个人。

客户身边的每一个人都是你的人脉，都对你的销售工作有着或多或少的影响作用。要达到销售的目的，销售员就要成为一个人脉专家，把各种人情关系都理顺理通，成功的推销就会近在眼前了。

对待客户的销售手段、服务态度这类细枝末节，往往成为决定销售员订单成败的关键，客户是商业利润的提供者，是销售员赖以生存和发展的源泉。在现代市场经济条件下，竞争日趋激烈，只有把客户及身边的人放在真正意义上的"上帝"的位置,并形成一种积极的工作态度,你的销售工作才会更加顺利红火,事业才会更加兴旺。

你能做到和他人共享成功吗

在这个分享型的社会里,我们不要吝啬成功销售的经验,我们要像原一平那样把自己的智慧拿出来与人分享,在这样的氛围中真正享受销售带来的快乐和幸福。

我们都希望当自己快乐的时候也能让他们快乐,这就是分享的好处。很多销售员在取得一定的销售成绩时,只想守护自己的成功,其实他们已经不再快乐了。一个销售员只有懂得分享,才能从工作中获得更多。因为我们知道,一个人是不可能在这个世界上存活的,没有亲人就是一个没根基的房子。没有朋友就是一棵没有树叶的大树,生活就显得特别的没有味道。因为多了些朋友,我们变得快乐许多,因为朋友的故事,也能让我们感觉到真情,在这个世界上,亲情、友情、爱情一样都缺少不了,因为我们是感性动物,我们需要这些,销售员同样需要他人带来的幸福故事。

分享是互利的,销售员分享自己的成功,既可以让自己快乐,也能满足别人的快乐。都说聪明的人要懂得分享,不错,因为销售员分享了喜悦才会在销售的路途上越战越勇,才会让所有人知道快乐是可以有多倍的。有了快乐才会幸福,有了快乐才会让销售员更加的信心满满。

20世纪30年代,英国送奶公司送到订户门口的牛奶,没有盖子也没封口,麻雀和红襟鸟可以很容易地喝到上层的奶皮。后来,牛奶公司把瓶口用锡箔纸封装起来，想防止鸟的偷食。但20年后，英国的麻雀都学会了用嘴把奶瓶的锡箔纸啄开，继续偷吃它们喜欢的奶皮。然而，同样是20年，红襟鸟却一直没学会这种方法。生物学家对这两种鸟进行了研究，从生理角度看它们没多大区别，但在进化上却如此的不同。原来，这与它们的生活习性有关，麻雀是群居的鸟类，常常一起行动，当其中一只发现了啄破锡箔纸的方法，就可以教会别的麻雀。而红襟鸟则喜欢独居，它们圈地为主，沟通仅止于求偶和对侵犯者的驱逐，因此，就算是有某只发现了那个方法，别的鸟也无法知晓。

分享可以促进人与人之间的互相交流和学习。动物是这样，人亦如此。进步需要交流和行动，这样，任何一个有了新的思想、新技能才可以真正地发扬光大。沟通，从现在开始。我们的培训、教育要的不是封闭，而是交流与共享。

原一平被誉为是"推销之神"，他从不吝啬跟他人分享自己的智慧和成功。原一平把他的成功归根于他的太太久惠。

他认为，推销工作是夫妻共同的事业。所以每当有了一点成绩，他总会打电话给久惠，向她道喜。

"是久惠吗？我是一平啊！向你报告一个好消息，刚才某先生投保了1000万元，已经签约了。"

"哦，太好了。"

"是啊，这都是你的功劳，应该好好谢谢你啊。"

"你真会开玩笑，哪有人向自己的太太道谢的？"

"哎哟，得了，得了。"

"我还得去访问另外一位先生，有关今天投保的详细情形，晚上再谈，再见。"

学会分享成功的果实，是取得家人支持的一个妙方，也是享受工作的一种方式。只是花了几毛钱，就能把夫妻的两颗心紧紧地联系在一起，会得到妻子对销售员丈夫的无限支持，这是任何人都做得到的事，只是大部分人没去做而已。

原一平还认为，目前从事寿险行销的女性，虽然业绩不错，但难以取得丈夫的支持与合作的原因在于未能与丈夫共享快乐。

在分享型的社会里，销售员不要吝啬自己成功销售的经验，在分享的氛围中真正享受销售带来的快乐和幸福。生活中的许多快乐，都是互相分享得来的，学会分享就等于学会了生活。比如一个笑话、一件趣事、一样美食，当你把它们分享给别人时，他们一定会很开心，快乐是可以传染的，把自己的快乐分享给别人之后你将收获另一种快乐，你才会真正享受成功。

销售不是战争，而是一种分享的合作。学会分享自己现在所拥有的，不管是快乐还是悲伤，快乐因为分享而放大，悲伤也会因为分享而缩小。我们在分享的同时，将会得到对我们来说更加重要和丰富的东西，学会分享是我们人生路上的必修课。

分享是美丽的，我们要学会分享。你与别人分享，不求回报。但看见他们喜悦的笑容，你的心是不是更甜了呢？分享让销售员更加成熟。

分享并不意味着失去，独占也不意味着拥有。我们可以与他人分享自己的成功销售经验，推荐一些实用教程、学习技巧等，这些都是可以和大家分享的，这个时候我们得到的不仅是快乐，还有成功后的喜悦和自信。把自己的经验传给更多的人，让更多的人去认识你，那便是一个温暖的世界。

重视人际关系，让销售不再难

作为一名销售员，我们要善于利用人际关系拿到订单，也要善于处理好工作中的人际关系，这样才能为我们的销售工作营造一种良好的氛围，从而为成功销售打下基础。销售也是有技巧的，只要将平时细微的人脉组织好，订单就会滚滚而来。

一个销售员的成功跟他的人际关系有相当大的关系。很多销售员不重视人际关系是因为他缺乏远虑，他们只关心第二天结果怎么样，而不考虑怎样从根本上提高自己获取成功的能力，以及怎么能使自己长期地在有利的环境中工作。

有的销售员不经营自己的人际关系，必然不会得到收益。目光短浅的人必然会忽视"特殊关系"所能带给他们的好处。与在急于求成的谈判中节节让步、提供低廉的报价相比，假如将这笔损失的差额早些投资在维持和巩固良好的关系上，结果可能更为经济划算。他们没有意识到，虽然前者让他们更容易敲定眼前的一份合同，但后者却为他们奠定了基石，会让他们在日后的更多份合同中，在价格上不必大举"割肉"。因此，与人交往合作的能力，还包含了进行战略性的长远考虑和行动的能力。某一行业中价格战越是硝烟弥漫，考虑关系智商的作用和意义就越重要。因为，激烈的价格竞争通常会使客户举棋不定，而那些供货商的条件几乎一般无二，难分上下。到最后，客户所作的选择只能取决于双方关系的好坏程度。

一次销售员培训会上，培训师问从事不同行业销售的学员："你从事什么行业？"

他说："我在从事房屋中介。"培训师说："你不是。"他说："我是。"

培训师问另外一个，他说从事保险。培训师说："你不是从事保险工作。"他说："我是。"后来培训师又问另外一个学员，培训师说你从事什么行业？他说："我从事软件。" 培训师说："你不是。"他说："我是。"他们开始很纳闷："老师，我明明就是，为什么你说我不是？"培训师和学员们开始了辩论。后来培训师跟他们讲："你们从事的是人际关系的行业。"

销售员只注重产品，而忽视身边的人际关系，销售工作就很难做好。假设一个产品非常好，可是你很讨厌那个销售人员，你会跟他买吗？大概不会。假如一个产品不错，不是最好，可是你跟销售人员的关系非常好，是不是你还是有购买的可能性？可以考虑，因为彼此关系好。

一个销售员的成功，一半以上靠人际关系，其他的则靠实力。你再有实力，缺少人脉，对不起，你不会成功。你非常有人脉，可是你没有实力，还是有希望。假如你有实力配上人脉，你的成功机率是无限大的。

一位顾客和一个汽车经销商平时关系不错，一次，他从经销商那里取回了自己的新车。开车回去的路上，他想试试车上的收音机。打开后按下第一个键，他听到了喜爱的流行音乐频道的节目，音响效果很好。按下第二个键，收音机里传出的是他心仪的古典音乐频道的乐曲。第三次，听到的则是他平时常听的新闻频道节目。所有键按过一遍之后，他非常惊讶地发现，新车的收音机是按照他原先旧车收音机的设置调好的。

这位顾客不相信这个"巧合"，他掉转车头回到了经销商那儿。

经销商的回答是："今天您把您的旧车折价卖给了我们，收旧车的那位技术员同时负责给我们送新车。他记下了您旧车收音机的电台选择设置，又照样子替您调好了新车里的收音机。这个主意是他自己想出来的，他希望用自己的方式让我们的顾客更满意。"

重视人际关系，会让客户感到温馨和感动，一个细微的举动，让客户成为该经销商忠实的粉丝。尽管说每位销售员都是以与众不同的方式看待自己的，他们对自己的特殊个性，他在人群中的定位及他与别人的不同之处都心中有数。但重视人际关系，会让你回报更多。

在很多时候，销售员和客户间高质量的和谐关系免去了你在价格战中不必要的辛苦。即使你必须为客户提供价格优惠，也不会达到像你的竞争对手那般的"出血"程度。此外，"特殊关系"为你在谈判中留有更大回旋余地——尊敬你、对你有好感的客户在价格谈判中也会公平对待你。他不可能咄咄逼人，利用谈判机会显示他的生意手腕。对他来说，重要的不仅是价格，还有他跟你的交情。他看得到与你合作会给他带来哪些利益。他会给你机会用其他论据来说服他，例如，你可以凭借产品质量和服务质量上的优势轻而易举地说服他。

重视与你客户的往来，把你的客户和合作伙伴当作是独立特殊的人物而不是普通群体中的一员，请尤其尊重他的个性，尽可能地与伙伴建立"个性化"交往。让自己和自己的大脑有休息的时间。请不要一个接一个地会见客户，一刻不停地拨电话，马不停蹄地奔赴谈判。在谈话之前或会面开始时，你需要花点时间想一想，谈话的对象是谁，你对他了解多少，上一回你们谈的是什么，当时他特别感兴趣的是哪些话题。千万别忘了，同样的谈话内容对你和你的合作伙伴可能会有完全不同的意义。你可能认为这只不过是你每天要跟许多人谈到的一个极普通的问题，而对你的合作伙伴来说，这极有可能是他初次接触的全新内容。或许，他对这个话题既兴奋又关注，产生了浓厚的兴趣，而你却表现得漫不经心，奇怪对方的大惊小怪。请杜绝让这样的情形发生。

主动才能抢占先机，被动不会有收获。每一个人都习惯被动，很少人喜欢到一个场合主动交朋友。可是那些主动交朋友的人，他会交到最多的朋友。所以你必须做别人不愿意去做的事情，必须凡事主动出击、主动联络，才能占领销售的高地。

友善地对待每位潜在客户

俗话说："嫌货才是买货人。"客户对你的产品挑毛病的时候，也是他对此产品感兴趣的时候。他要是不感兴趣、不想要的话，也不会看得这么仔细，更不会看出这其中的问题所在。所以，销售员一定要沉得住气，友善地对待每位潜在的客户，对自己的产品要有信心，用微笑来面对客户的一切问题。

客户的许多需求都是隐性的，他们不可能直白地表达出来，这便是我们销售员的潜在客户。销售人员如果不能认真地对待潜在客户的问题，也就不能听出客户的弦外之音，不能准确地领会客户的各种肢体语言，就无法做到投其所好，博得客户的好感，成功地将产品推销出去。

身为销售员，需要认真地聆听潜在客户的指责和要求。人有一个嘴巴两只耳朵，这似乎是在暗示我们，用耳朵听的话至少是我们用嘴巴说的话的两倍。每个人都有自我表现的欲望，希望能得到别人的尊重和爱戴。很多销售人员在工作中也是如此，他们总喜欢陈述自己的产品如何的好，自己的公司如何的出名。但是，他们却不懂得聆听客户说话，仔细揣摩客户的心思，最终招来的只有客户一句冰冷的"不需要"。

在销售中，顾客的心理是一样的。台湾散文家林清玄在《嫌货才是买货人》一文中写道：

台湾的一个菜市场里，客人与卖水果的商贩在讨价还价。

"这水果这么烂，一斤也要卖50元吗？"客人拿着一个水果左看右看。

"我这水果是很不错的，不然你去别家比较比较。"

客人说："一斤40元，不然我不买。"

小贩还是微笑着说："先生，我一斤卖你40元，对刚刚向我买水果的人怎么交代呢？"

"可是你家这水果质量真的很差劲。"

"不会的，如果是很完美的，可能一斤要卖100元了。"小贩依然微笑着。

不管客人的态度如何，小贩始终面带微笑，却没作半点让步。

客人虽然嫌东嫌西，最后还是以一斤50元买了。

"嫌货才是买货人"是一句台湾俚语，意思是说，只有那些嫌货品不好的人，才是真正想买货的人。这种事情对于销售员来说，是经常碰到的事情。如果我们对自己的货有信心，就不要怕人嫌，买货的人心里喜欢，自然就买了。有时候你去向客户推销某种产品的时候，客户拿起那件样品，左右翻看，不是嫌价钱贵就是嫌这不好那不好，要是不懂行的销售员，肯定会顺着客户的要求，降低价格把商品卖给客户。但是高明的推销员是不会卖的，因为他们知道客户指责商品背后的真实意图，他们就是真正的潜在客户。

善待我们的潜在客户，就会将他们变为准客户。小贩完全不在乎别人批评他的水果，并且一点也不生气，不只是因为他有好的修养，也是对自己的水果很有信心的缘故。这一点上，我们真的比不上小贩，平常有人说我们两句，我们就已经气在心里口难开，更不说微笑以对了。

董明珠开拓南京市场时的经历正好说明善待潜在客户的重要性。当年的格力空调名气不大，而且当时空调市场的规则是先发货后付款。董明珠要打开当地市场，而且要打破当时的规则，要求格力空调的经销商做到先付款后发货，难度非常大。她连续拜访了好几家大型商场，对方负责人都断然拒绝了她。

最后，董明珠在连续5次接触了一家商场总经理以后，对方的一句话点醒了她："我们商场里还有不少你们公司的存货，等这批存货销完了，我再考虑考虑。"敏感的董明珠一下子就抓住了这句话的弦外之音：要我先付款不是不可以，但我要先看看你们的货走不走得动，如果卖得好，先付款当然没问题。

董明珠正是抓住了这个机会，积极采取行动，顺利地打开了格力空调在南京的市场。

从上述的案例中我们不难看出，弦外之音中可能隐藏着重大的机遇，一旦突破了表面的阻碍，那么交易就会水到渠成。要听出客户的弦外之音，前提是做客户的最佳听众，妥善处理好与客户的关系。

现实生活中，客户很少直白地把自己的需求表露出来，因为很多需求是隐性的，甚至连他自己也不清楚。有时候客户内心的一些想法，都是在不经意间，通过一些小动作表现出来的。这时候，如果销售人员能够从中提炼出有价值的信息，显然就等于抓住了成功推销的机会。

每一个销售员都应该有一个好的修养，不与人急，要有耐心，微笑着面对每一个难缠甚至不讲理的客户，让这些潜在客户变为准客户。俗话说："伸手不打笑脸人。"另外只要对自己的产品有信心，在成本的基础上觉得自己的产品应该值的价格就该据理力争，一味地退让只是在诋毁自己的产品质量。友善地对待我们的潜在客户，他们一定会变为你的准客户。

一个优秀的销售员在人脉的积累和投资中，不是目光短浅的，他懂得去结交那些现在不是自己客户的人，暂时不是自己的客户并不代表永远不是自己的客户，也许这些潜在客户会给自己带来大的订单，为此他们对自己经常性地维护人脉的付出无怨无悔。

要老客户帮忙介绍新客户

在销售中优秀销售员的习惯就是善于用老客户去拓展自己的业务，找到新的合作伙伴，这样会让我们的销售工作一帆风顺。经营与老客户的关系是一件必需的事情，在经营与老客户的关系时，切记不能与之争辩。

优秀的销售员的一个很好的习惯就是善于运用老客户去开拓新客户。老客户背后存在大量的新客户。每个老客户都有一个圈子并能对这个圈子产生影响。如果你应用得当，老客户就可以变成你开拓客户的资源。

如果你的老客户十分信任你，对你抱有好感，就会为你带来新的客户。他会介绍自己的朋友来找你。但是这一切的前提是你确确实实征服了他，而且你们之间有一种信任的关系。

让老客户帮你推销，让你得到更多的生意。只要老客户信任你，那么你就成功在即了。

王云是从最底层的保险经纪人做起的。保险经纪人的收入特点决定了只有多发展客户、提高业绩才能获得高收入。发展客户并不是一件容易的事情，王云对客户有一个独到的定位，那就是收入稳定、文化层次较高的人群。这样的潜在客户群不仅有购买保险的能力，更有保险的意识。他通过交友网站和论坛结识这样的人群，并且和他们成为朋友，从而发展起了最早的一批客户。介绍保险方案的时候，他都是根据客户的特点，为他们推荐最适合的保险产品。这使王云赢得了越来越多的客户，业绩不断提高，获得的业务提成也不断上升。王云很快就超越了一起入行的同事，晋升到业务经理的位置。

后来，王云把眼光由发展个人客户转向了团体保险，争取团体保险客户，可以获得更高的回报，但是也具有更大的难度。王云从最早结识的客户群着手，他们不仅拥有较高的收入和文化水平，也拥有一定的社会地位，最难能可贵的就是他们信任王云。王云开始了"布网式"的拓展工作，老客户们为他提供的一些机会让他受益匪浅，他所提供的细致、认真、周到的服务也为他成功实现了客户的保有和扩大，王云的年薪也随之很快跨入了 20 万的行列。

王云的成功主要在于他不但懂得如何去"找客户"，更懂得如何"养客户"，就是说由老客户发展新客户。事实证明，由老客户推荐的交易成功率大约是 60%，远远大于销售人员自己上门推销的成功率。可见，被推荐的客户对于销售人员来说多么有价值！如果销售人员能学会成功地获得推荐生意，那么就能成功地编织出一张"客户网"，从而为你的销售工作带来了很大的便利。

李先生是杭州一家笔庄的老板。1989 年在开始创业的时候，他十分窘迫。那个时候是他人生中的最低谷。即使如此，他也没有放弃，而是经常出没于杭州的各个画廊、美术院校，只要有机会就给别人看他的笔。

一天，李先生在一个画廊里遇见了一家画院的院长。李先生看院长气度不凡，就拿出一支上好的鸡毛笔要送给院长，院长看后感到很惊讶。这次巧遇使院长对他的笔产生了浓厚的兴趣，以笔会友，两个人在研究笔的过程中结下了深厚的友谊。为了让更多的人了解他的笔，院长决定帮他开一个笔会，并免费提供场地。通过笔会，李先生认识了更多的画院的朋友，时间久了，李先生的笔庄在杭州渐渐闯出了名气。不久后，李先生将他的笔庄开在一个冷清的文化用品市场二楼的拐角里，气氛虽然冷清，但李先生却有他的目的。喜欢毛笔的人都是一些文人，不喜欢很热闹的地方，书法家、画家来这一看就会觉得比较高雅，地方也比较宽敞。如今，李先生已经拥有两个笔庄、一家工厂，每年制作销售毛笔四五万支，李先生正走在成功的创业路上。

李先生与画院院长的相识等于是销售员与客户结成了友谊，随后院长又给他介绍了很多的朋友来光顾他的生意，为其介绍了不少的新客户，人脉起了关键作用。其实，做生意投资人情，谈的就是一个"缘"字，彼此能够一拍即合，要保持长期的相互信任、相互关照的关系也不那么容易，成功的销售人仍然需要不断地进行"感情投资"。

但并不是每个客户都会为你介绍一个甚至几个客户，所以必须对客户区别对待，以便自己今后能得到更多的推荐客户。这就需要推销员具有敏锐的洞察力，能在很短的时间里发现哪些客户是可以长期发展的，哪些客户的背后还有巨大的潜在客户。

销售活动本身就是在做人际关系，以老客户的口碑去打动新客户，对于销售员来说是再好不过的事情了。现在的社会，是一个交际的社会，一个人有了人脉，就意味着拥有了开创新天地的本钱。销售员不要抱着独自打天下的幻想，一个人的力量毕竟有限，利用客户集体的力量才可观。让客户帮助你寻找客户、发现客户、创造客户，并不代表你的能力不行；相反，这更说明你在经营人脉上做得非常出色，而经营人脉出色，也象征着了你的工作能力超过常人。所以，一个优秀的销售员要懂得经营人脉，尤其是客户的人脉。用人脉打开自己的客户之源，会让我们借助人脉的阶梯走得更远。作为销售员，要注意平时积累客户的资源，才可以像蜘蛛人那样获得神奇的力量，事业生涯也因此变得更加精彩。

在通往成功销售的路上，我们要积极主动地去付出自己的勤奋和努力，但也要懂得储备自身的素养，因为运气总是降临于有准备的头脑，此外还要懂得借助他们的帮助，这样我们的客户就会源源不断。

问候客户别客套，目的性别太强

在与客户交往的时候要注意沟通，只要运用恰当的方法、技巧，就能达到很好的效果。你销售的目的性不能在与客户的交流中表现得太过明显。要把潜在客户变为真正的客户，就要打破客户的顾虑，而经常拜访客户，和客户保持联系是最好的方法，这是原一平给我们的忠告。

问候客户会让你跟客户的关系更亲密，也为你积累了最重要的人脉。我们常说人是最大的资源，不管做什么事情，都有人的因素。被称为"赚钱之神"的邱永汉说："失去财产，仍有东山再起的机会；失去朋友，就没有第二次的机会了。"潜能专家陈安之在《超级成功学》中说："成功靠别人而不是靠自己。"这个观点乍听起来是有点不可思议，但是仔细琢磨，其实是非常有道理的。只有善于借助别人的力量，顺风行船，才能最快地到达目的地。如果想让自己的销售之路走得更加顺畅，就先注意平时多积累客户资源，有事没事不要吝啬你对客户的问候！

不是说一笔生意做成了，今后就不会与客户联系了，这样想未免太狭隘。销售员不要忽视让每笔生意来个漂亮的收尾。所有的工作都做完了，你与客户的合作告一段落，是不是就是终结了呢？也许这是大部分销售员处理的方式，但事实证明这是一个巨大的错误。实际上，这次生意结束的时候正是创造下一次机会的最好时机。千万别忘了经常要问候一下客户，彼此间不要断了联系，如果生意效益确实不错，最好还能给客户一点意外的实惠。让每一笔销售都有个漂亮的收尾带给你的效益不亚于你重新开发一个新的客户。

乔·吉拉德最喜欢送给客户尤其是潜在客户的礼物是贺卡。对于每个客户，他每年大约要寄上 12 封广告信函，每次均以不同的色彩和形式投递，并且在信封上尽量避免使用与他的行业相关的名称。

1 月，他的信函是一幅精美的喜庆气氛图案，同时配以几个大字"恭贺新禧"，下面是一个简单的署名："雪佛兰轿车，乔·吉拉德上。"此外，再无多余的话。即使遇上大拍卖期间，也绝口不提买卖。

2 月，信函上写的是："请你享受快乐的情人节。"下面仍是简短的签名。

3 月，信中写的是："祝你圣巴特利库节快乐！"圣巴特利库节是爱尔兰人的节日。也许你是波兰人，或是捷克人，但这无关紧要，关键的是他不忘向你表示祝愿。

然后是 4 月、5 月、6 月……

不要小看这几张印刷品，它们所起的作用并不小。不少客户一到节日，往往会问夫人："过节有没有人来信？""乔·吉拉德又寄来一张卡片！"

这样一来，每年中就有12次机会，使乔·吉拉德的名字在愉悦的气氛中来到这个家庭。乔·吉拉德没说一句："请你们买我的汽车吧！"但这种"不说之语"，不讲推销的推销，反而给人们留下了最深刻、最美好的印象，等到他们打算买汽车的时候，往往第一个想到的就是乔·吉拉德。

就是这些用心寄出的贺卡，帮助乔·吉拉德赢得了这样的职业荣誉，连续15年成为世界上售出新汽车最多的人。

销售之神乔·吉拉德的成功之处就在于，他经常性地问候新老客户，在客户心目中留下了深刻的印象，一旦客户有需要就会想起他。销售员与客户沟通时要态度诚恳、神情专注，没有特别的情况，就不去做其他与沟通无关的事情。目的性太强，则会影响你的销售效果。

销售员在与客户沟通的时候，要注意沟通时的礼仪保持适当的距离，不要有太多的肢体动作，或者不恰当的行为。可以有开场白、寒暄、客套话营造一个良好的氛围。沟通时注意对不同的人和场合、目的、内容使用不同的沟通方法。

要想保住老客户，除了销售方的产品或服务质量过硬以及良好的售后服务外，销售员应该定期与客户保持联系。成功的销售员是不会卖完东西就将客户忘掉的。交易后与客户持续保持联络，可以显示你对客户的事业与生活的关心，从而使客户牢牢记住你与公司的名字。成功的销售员花大力气做的这一切，都是为了巩固与客户的长期关系。因为，在市场景气时，这样一种关系能将生意推向高潮；在市场萧条时，它又能维持住生存。

与客户保持定期联系要有计划性。如果客户不是经常购买，销售员可进行季节性访问。在定期拜访前要做好路线计划，以便你能够在访问老客户的途中，去访问那些不经常购买的客户。

销售员平时与客户多联络，彼此的友谊才会更长久。每一个客户就是我们的知己，应该保持联络、增进沟通，不要在业务谈完之后，就把客户忘记了，等到有需要时再去找人家，那么客户肯定不愿意与你合作了，因为他们会觉得你是一个薄情寡义的人。我们应该不定期或定期地与客户联络和交流，比如说以电话问候、一起喝喝茶，或其他之类的活动。一般关于问候和联系的内容及时间是根据你平时对该客户的了解而定的。包括客户的工作安排情况、爱好兴趣等。如果你能做到这一点，未来的销售之路会越走越顺畅。

下 篇
客户那点微心态

我是你的朋友，但我更是你的客户

客户是我们的最爱，销售员要时刻铭记，"客户就是情人""他是我们的最爱"。从接触到客户的那一刻起，我们就应竭尽所能地使他成为我们的忠诚客户乃至终身客户，所以，对客户发自内心地尊重便是首要任务。

从心理学的角度分析，每个人心中都有某种强烈渴求被接纳的愿望，尊重客户并将客户的位置摆得高一些，注意收集客户的反馈，再积极地倾听，听出客户的兴趣点。这样销售人员才有机会把话说到客户的心坎上，从而让客户觉得销售人员理解和尊重他，最终赢得客户的信任。

优秀的销售员常抱有的心态是：我用我的语言告诉客户我对你负责，对我的产品负责，对售后负责，我无时不在为客户着想。

有的客户为了自己的面子或者为了怕被骗，会说些假话，有位高人这样说过："不要揭穿情人的谎话。"

同样，对待客户也是这样，不要揭穿他。因为客户也是有自尊心的，你可以很委婉地传达你的想法，让客户觉得自己错了，那样你才是最高明的销售员。

把客户"摆"高些，他们才舒心

对于销售人员来讲，可以说因为有了客户才创造了市场，因为一个企业的产品只有迎合了客户的需求，才能符合市场的需求，从这个道理上讲，客户就是你的上帝。销售人员可以利用客户这一心理，巧妙地促使客户购买我们的产品。

客户是我们的衣食父母，在交流中，把客户"摆"高些，你不仅不会损失什么，他们还会很舒心，你的销售还能开展得很顺利。作为一名合格的销售人员首先要明白，那就是不论从价值链还是市场和企业生存的角度去看，客户都是上帝。我们要想让客户把一掷千金的劲头都用在自己身上，首先就要想办法博得客户的一笑，把客户当成上帝一样伺候，把他们的位置摆得高些。想要把客户的位置摆的高些，就要先明白上帝的想法——不仅自己要认为客户是上帝，而且客户自己也会这么认为。

恭维客户有时候是必须的，恰当而又适度的恭维是走向事业成功的"灵丹妙药"，销售员假如能合理利用它，必定能让自己"功力"大增，为销售事业的发展增加强大的动力。在我们的生活中经常会遇到因不善交际而颇感痛苦的人，他在与人交往时，总是竭力恭维、美言别人，因为他以为人都是喜欢听好话的。岂料很多人都因此不愿与他深交，更谈不上说什么心里话了，顶多只是随便应付几句。销售员要从中吸取教训，不可恭维过头。只有恰到好处地把客户的位置摆高了，客户才会心悦诚服地购买我们的产品。

一位老资格的销售员讲述了这样一件事，让他为自己的销售功夫自惭形秽。

一次，负责某制药厂营销工作的我和市场部经理、陕西片经理到西安考察市场。

因为航班晚点，安排住宿后三人到当地风味饮食"回民坊"吃晚饭。

三人一边吃饭一边聊陕西市场的销售工作。

包房外有人敲门。

接着一张稚嫩的笑脸探进室内："几位老板晚上好，能让我进来吗？"

"进来吧！"

一个身着洗得有些发白的牛仔服、满脸堆笑的小男孩站在距离餐台一米左右的地方冲着三人说："看几位先生满脸红光，一定是发大财了，买几支鲜花吧。"

"你看我们三个大男人买花送给谁呀？"陕西片经理不经意地说。

"送给帅哥呗！"小男孩冲着我满脸堆笑地说。

"这小子，还挺会拍马屁的。多大了？"我对小男孩说。

"10岁了。听老板的口音是东北人哪，东北人都有钱，看您还抽中华哪！"小男孩说。

"这小子，就挑好听的说，快走吧，我们不买！"市场部经理有些不耐烦了。

"不买不要紧，我送给你一支，玫瑰花能带给你桃花运！"小男孩调皮地笑着，一边将一支玫瑰花放在餐台上，一边拿起放在桌上的啤酒瓶挨个给斟满啤酒，然后闪到一边不动声色地看着大家。

"这怎么行，快给这位小家伙几元钱……"有人显然有些着急了。

市场部经理递给小家伙 5 元钱。小男孩熟练地接过钱，迅速地揣进上衣口袋，抬起头从容地向我说："一支十元钱！"并且迅速地走到市场部经理的背后用他细弱的小拳头为市场部经理捶背！

我和市场部经理相对一笑，市场部经理拿出钱夹，不巧没有零钱！于是，市场部经理只好拿出 10 元钱并准备换回小男孩口袋里的 5 元钱。然而，出乎预料的是，小男孩接过后又迅速地揣入口袋，并面向市场部经理深鞠一躬道："谢谢干爹！"

自然市场部经理没有办法，更不好意思索要回他那 5 元钱了！

三人已经笑得前仰后合！

小男孩满脸欢笑地向市场部经理做了一个飞吻的手势，口中念着"干爹，I lovo you！"并倒退着走出了房门！

似乎应该结束了，当我们用过餐来到大厅的时候又见到了小男孩。与刚才不同的是小男孩手中的玫瑰花已经没有了，他正在大厅的角落里幸福地享受着手中的肉夹馍。当他看到我们三人，依旧调皮地向我们做着鬼脸！

聪明、调皮、可爱、可敬的小家伙！

在这一场销售中，这位小男孩运用了一系列的营销手段，不禁让在场的"客户"折服与汗颜。小男孩在整个营销过程中并非一帆风顺，而是不时遇到挫折。但是，小男孩依旧用信念、笑脸及技巧征服了本并不属于他的潜在客户。将客户的位置摆得高些，他们会更喜欢你和你的产品。

在现代交际中，有的销售员不分对象、不分时机、不分尺度，在交际中总是千方百计、搜肠刮肚地找出一大堆的好话、赞词，可是得到客户的回敬就常常会事与愿违。

那么，如何准确地把握好说话的分寸，让客户的位置摆得高些，又能让自己恰如其分而不失度达到事半功倍的效果呢？

一、准确把握客户的特点。注意交际的客户在人际交往中，应当注意他的年龄、文化、职业、性格、爱好、特征，因人而异，把握分寸，切不可随意恭维、奉承对方，尤其是新交，更应小心谨慎。比如，你对一位因身材过于肥胖而发愁的姑娘说："你的身材实在是漂亮极了！"姑娘一定会认为你在取笑她而大为不快。但如果对一个为自己身材姣好而感到自豪的姑娘来说，这句话却可以使姑娘对你的好感和信任增加。而现实中，还有不少客户喜爱结交"道义相砥，过失相规"的销售员，他们喜欢"直言不讳"，你越指出他的不足，他越喜欢你，而你越恭维他，他却越讨厌你。同这类客户交往时，销售员的恭维是需要非要谨慎的。

二、"摆"高客户要把握好时机。与客户交往中认真把握时机，恰到好处的恭维是十分重要的。交流时，应当切合当时的气氛、条件，有着一定的"时效"约束。当你发现对方有值得赞美、恭维的地方，要善于及时大胆地赞美、恭维，千万不要错过时机。不合时宜的恭维，无异于南辕北辙，结果只能事与愿违，销售的效果就不会达到，甚至还会产生一定的副作用。

出现尴尬，主动给客户找台阶下

与客户交往中难免会出现尴尬，在明知客户有错的情况下，销售员明智地给客户找台阶下，最能显示出销售员的良好修养。宽容并不意味着一味忍让，但学会最大限度地宽容，就能避免许多尴尬。还会带给你最大限度的销售成就。

金无足赤，人无完人。在销售工作中，谁都可能有错误和失误，谁都有可能陷入尴尬的境地。所以，给人一个台阶，是为人处世应遵循的原则之一。世界上没有十分完美的人，所以在工作中，销售员也要学会适应客户、迎合客户，这也是主动给人找台阶的一种行为。

销售员在客户面前冲动一时，只能让自己更加失败。现代职场中的关系普遍都是一种竞争与合作的关系，只有我们胸怀大度，主动学会为别人找台阶，才能赢得客户的信任和支持，开辟自己人生和事业上的一种新局面。

给人一个台阶，最能显示出销售员的良好修养。只有胸怀坦荡、关心他人的人，才会时刻牢记给人一个台阶，才会得到最大的收益。在受到伤害时，许多销售员都会针锋相对地跟客户吵闹一番，结果使双方都十分难堪。

给人一个台阶，往往会赢得客户的友谊和信赖。给人一个台阶，往往是拥有朋友的开始，也是自己成功的开始。销售员小王就曾经历过这样的事情：

最近跟了一个客户，是个女采购，说话跟我基本上是对不来，因为我是急性子，她说话总是慢条斯理的，搞得我也要说话很慢，感觉非常不习惯。

俗话说隔行如隔山，因为她公司的总部是在深圳，而仪器却是要货运到山东，而且她要求我们在山东也需要有分厂，我跟她解释说仪器不可能到处都有分厂，最多是有经销商，可能她也有她的难处。我当时也只有这样说：那你先慢慢找，实在是找不到就找我吧！我给了她一个台阶下，但是我的心里却对这个单子没有报任何的希望了。

但是事情总是出乎我的意料，上个星期五她居然打电话找我了，半个多月没有联系了呢？她要我传真合同过去。虽然眼下她还没有签单给我，但是我知道这个单成交的希望应该是 90% 了。给客户一个台阶下，也是给自己一个台阶，希望我成功。

　　小王因为不斤斤计较，给客户一个台阶下，得到了客户的青睐。在销售团队里，销售员也要注意与同事和睦相处，不要忘了时刻给对方台阶下。同一个团队里，年龄、条件相仿的同事有很多，人们习惯把这些人拿来比较，本来没有心结的慢慢也会感染上不自然的情绪。其实办公室里同事间本来就是既合作又竞争的关系。如果换个角度想，以健康心态看待竞争关系，当同事能力越来越强，等于是在无形中促使你提升实力。更何况，在全球化时代，本来就不应该把眼光局限在一个屋檐下的同事，而应该将全球的精英视为真正的竞争者，如此一来，自然就不需要把同事当"冤家"看待了，唯有把自己的销售做好才是正道。

　　不给客户台阶下，客户也一定不会给你台阶的。不尊重客户的人，一定也会遭到其他人的排挤。误将同事当作阻挡前途的障碍的人，一定也难以在团队里立足。因此对于在团队里跟自己有工作关系的人，不妨试着去赞美他，或请他帮一个小忙，往往可以神奇地化解彼此之间的敌意。当然，如果对方碰到一些尴尬的事情，我们能够主动给他找台阶，也一定会赢得对方的信任和感激，对你的销售之路也会有所帮助。

　　在社交场合，每个人都展现在众人面前，因此都格外注意自己社交形象的塑造，都会比平时表现出更为强烈的自尊心和虚荣心。在这种心态支配下，他会因你使他下不了台而产生比平时更为强烈的反感，甚至与你结下终身的仇怨。相反，也会因你为他提供了台阶，让客户保住了面子、维护了自尊心，而对你更为感激，产生更强烈的好感。这些，对于今后的交往，会产生深远的影响。给人台阶，及时救场，如同为人灭火，你还愁自己的产品不好卖吗？

满足他们的优越感

人人都有被承认的需要，这就是优越感。销售员在有的场合恭维别人也是一种美德，只是不要说那些不是出于内心的话。当你认为这样恭维最恰当时，那就多恭维他几句，这就是促成销售的最好时机。只要表现恰当，自己发自内心羡慕对方，对方埋藏于内心的自尊心被你所承认，那客户一定非常高兴。

销售员需要掌握一种微心态，那就是客户需要满足自己的优越感。当他们得到你的"承认"之后，心情要比一本正经谈生意好得多。就比如人们常说，孩子都是自家的好，这就反映出人们都乐于听到恭维话。作为家长，往往都喜欢听到夸孩子的话，例如"这孩子真精神！""哟！小小年纪还真聪明"等。夸奖孩子时家长会流露出由衷的愉悦，这一点我们一定经常见到，或许还有过体验吧！

那么销售员和客户接触的时候不妨也试着做这种夸赞，说不定你的销售之路会更加顺畅。

销售员去拜访客户，当与客户寒暄过后，你周围所看到的一切都可以成为满足客户优越感的话题。你可以对接待室的装潢设计赞叹一番，诸如"庄重典雅"或者是"堂皇气派"等，你还可以具体地谈及一下桌上、地上或是窗台上的花卉或盆景等，这些花卉或盆景造型如何新颖独特，颜色亮度等又是怎样的搭配得当，甚至你还可以对它们的摆放位置用"恰到好处，错落有致"一类的词语来形容一番。当客户的心理得到满足时，也正是他承认你的时候。

　　小王和小李两个人一同出去推销自己公司的一种产品，他们先后都到过赵经理那里去推销。小王先去的，他进门之后就开始滔滔不绝地向赵经理介绍自己的产品是多么的好、如何地适合他，他不购买就等于吃亏等。这样的话不仅没有引起赵经理的兴趣，反而让他很反感，于是他很不客气地让人把小王轰走了。

　　等到小李又来的时候，赵经理知道他们推销的是同一种产品，本来不愿意见他，但是他又想听听小李是怎样的一种说辞，于是就请小李来到他的办公室。小李进来后没有直接介绍自己的产品，而是很有礼貌地先说抱歉、打扰，然后又感谢赵经理百忙之中会见自己，还说了一些赞美和恭维的话，而对自己的产品却只是简单地介绍了一下。可是赵经理始终都是一副很冷淡的样子，小李觉得这笔生意已经很难做成，虽然心里多少有些失落，但他还是很诚恳地对赵经理说："谢谢赵经理，虽然我知道我们的产品是绝对适合您的，可惜我能力太差，无法说服您。我认输了，我想我应该告辞了。不过，在告辞之前，想请赵经理指出我的不足，以便让我有一个改进的机会好吗？谢谢您了！"

　　这时，赵经理的态度突然变得很友好、很和善。他站起来拍拍小李的肩膀笑着说："你不要急着走，哈哈，我已经决定要买你的产品了。"

　　为什么小王前来推销会被轰出去，而小李却能够成交，这就是一个满足客户心理需求的问题。小王只是滔滔不绝地介绍自己的产品，而忽略了对客户起码的尊重和感谢，而小李却始终对赵经理很恭敬很有礼貌，特别是自己最后临走时，还请求客户指教，这让赵经理感受到了足够的重视，从而从情感上对小李也表示了认同，自然也就促成了销售。

　　销售员的魅力之一便是能够自如地就各种话题进行交谈，并能发现客户的闪光点从而让其由衷的自豪。对于这一点，销售同行们理应有同感。巧妙地从恭维客户开始，展开话题，让客户的全部注意力都投入到和你的谈论中，你的推销说明自然也就被对方倾听了。

有一对夫妇结婚10年一直没有孩子。为了弥补这一缺憾，夫人养了几只小狗，她对小狗百般疼爱。

有一天，先生一下班，夫人便兴高采烈地对他说："你不是说要买车吗？我已经约好了，星期天某公司的人就来洽谈。"

不料先生却没有好脸色："我是说过要换车，但没说现在就买呀，你为什么要逞能？"

原来，那个来家里推销汽车的推销员声称自己是个爱狗的人，看到这位夫人养的狗后大加赞赏，说这种狗的毛色纯洁，有光泽，黑眼圈，黑鼻尖，是最名贵的一种。说得这位夫人飘飘然，以为自己拥有了世界上最名贵的狗，于是她情不自禁地对那个推销员产生好感，很快答应他星期天来跟自己丈夫面谈。

其实这位先生是想买一辆新车，他现在的车已旧得不太像样了，但他是个优柔寡断的人，一直拿不定主意去看车。

星期天，这位推销员又上门来，对这位先生又是一番"花言巧语"，"吹"得他不能自主，仿佛被一只无形的手牵引着，这位先生很痛快地买下了那人推销的一辆车。

与客户拉近距离，让客户的优越感从内心迸发，这位销售员做得十分巧妙，最终拿下了这个订单。不论是谁，对待赞美之词都不会不开心，让别人开心，我们并不因此受损，何乐而不为呢？如果你照这一准则办事，你几乎不会再遇到麻烦，它会给你带来无数的朋友，会让你时时感到幸福快乐。正如我们已经看到的那样，人性中最强烈的欲望是成为举足轻重的人，人性中最根深蒂固的本性是想得到赞赏。人之所以区别于动物，也正是因为有这种欲望。销售员要是抓住这种心理大做文章的话，一定能做出优异的成绩。

比如，你有没有到客户家做过客呢？到客户家之后，当你看到客厅墙上一幅色彩明丽的山水画时，你往往情不自禁地赞许道："这幅画真不错，给这客厅平添了几分神韵，一定是您买的吧！真是好眼力！"这句话也许只是你不经意地随便说出的，但你的客户会感到很欣慰，心中一定很高兴。

与客户交流时一定要有诚恳的态度。只有态度诚恳，客户才对你感兴趣，你才能收到理想的效果。如果你的表达毫无诚恳之意，让客户感到虚伪，那么这样的恭维还是不说为好。

客户不喜欢承担风险，你能做到吗

客户购买产品并不喜欢因此而承担任何风险，客户面对销售员如有顾虑也是情理之中的。客户要的是质量好的产品，同时还要感觉自己买得实惠。如果客户刚从你手上买了产品，到你的竞争对手那里一看，你卖给他的东西只要一半的价格就可以买到，你从此就成了反面教材了。

许多客户都怕被骗，不愿意因为购买商品而承担风险，他们面对销售人员，就会表现得很谨慎，全身上下都充满警惕，就怕掉进销售人员的"陷阱"里。换位思考下，销售员自己也不会愿意承担购买商品中的风险。所以，销售员对待这种客户，不要急于求成，你说得越多，客户反而越怀疑，曾经被骗的经历会让他们对眼前的你产生不信任的感觉。你一定要找出他无法接受你推销的产品的真正原因，想办法消除客户的心理障碍，让自己成为客户的朋友，这样客户才会和你签单。

美国汽车大王福特说过一句广为人知的话："成功没有什么秘诀可言，如果非要说有的话，那就是时刻站在别人的立场上。"销售员只有多为别人着想，理解了别人的想法，方可有益于你和别人沟通，最重要的是你能够抓住别人的"要害点"，可以做得有的放矢。在销售活动中，如果学会时时站在客户的角度上分析问题，你的销售业绩将会超出你的想象。

总的来说，要是客户与你们开心地合作，最重要的就是要学会站在客户的立场上，为客户设身处地地着想，规避他们的风险。只要站在客户的立场上，你才能掌握客户的真实意图，才能明白客户的需求，推销才能顺利完成。

一般来讲，客户怕被骗和承担风险的心理会让你们的沟通产生障碍，但同时也会给你带来机会。这一类客户常常是想买产品，但是他们总希望你能把价格降了再降，所以会找同类商品如何优惠的说辞来刺激你，你在与客户交谈时要让客户了解，任何一种商品都不可能在各方面占优势，你要重点告诉客户他买你的产品能获得什么好处，以此来满足客户的需求和减轻他担心买贵的顾虑。如果有什么优惠活动，也要提前通知客户，把利益的重点放到客户身上，让客户觉得自己获利而不是被风险所笼罩。

客户怕承担风险还表现在担心商品的质量或功能，对商品没有充足的信心。此时，你不妨直接对客户说出产品的缺点，这比客户自己提出来要好很多。销售员为规避客户的被骗心理，这样做的好处是：

第一，客户会对你产生信任感，觉得你没有隐瞒产品的缺点，是个诚实的销售员，这样客户就愿意与你进一步交流。

第二，客户会觉得你很了解他，把他想问而未问的话回答了，他的疑虑就会减少。

第三，销售员坦诚地说出商品的缺点，可以避免和客户发生争论，而且能使你对客户的态度由消极的防御式变成积极的进攻式，从而完成销售。

销售人员在销售的过程当中，要尽自己最大的能力来打消客户怕承担风险的顾虑心理，让他们感觉自己所购买的商品物有所值。销售员要做到向客户保证，让他们感觉自己决定购买的动机是非常明智的，而且钱也会花得很值；而且，购买你的产品是他们在价值、利益等方面做出的最好选择。

客户可以指责你，你却不能责备他

在销售过程当中，客户存在不满的问题，如不能正确解决，将会给销售工作带来很大的阻力。所以销售人员一定要努力打破这种被动的局面，善于接受并巧妙地去化解客户的顾虑，当客户指责你的时候，你却不能去责备他。不满是心与心之间的一条鸿沟，填平它，销售人员才能到达成功交易的彼岸。

对于销售员来说，出现客户的指责是常有的事情。你的坏脾气有时候被看成是魄力与决断，但是如果不加控制、乱发脾气的话，不仅会使心中的怒火难以化解，还会使事情的局面恶化，严重者会让你的销售工作举步维艰。同时，销售员和客户之间的推诿、争论、猜疑和不信任就会相继而来，这样无形之中就会产生一种不和谐的气氛，一旦这样的不良气氛肆意蔓延，就会给许多销售员罩上不利的"晦气"，销售的现实利益和潜在利益都会被这种回击指责的行为而葬送。

不少销售人员常将自己比喻成是"风箱中的老鼠"——挣的钱不多，受的气不少，更多的时候是两头受气。被公司的领导骂，是因为没有完全执行公司的政策；在客户那里，被客户骂："你还好意思来，一次也不解决问题，上次坏的货还没换回来，人来也没有用呀。我和你做已经是打肿脸充胖子了，只能销你这么多货，别逼我了，否则……"客户的指责声纷纭而来，那么什么样的销售人员才能扮演好自己的角色，做好自己的工作呢？唯一的答案就是脾气好的销售人员。

在一次进货时，某家具厂的一个客户向其销售员抱怨，由于沙发的体积相对大，而仓库的门小，搬出搬进的很不方便，还往往会在沙发上留下划痕，顾客有意见，不好销。要是沙发可以拆卸，也就不存在这种问题了。两个月后，可以拆卸的沙发运到了客户的仓库里。不仅节省了库存空间，而且给客户带来了方便。而这个创意正是从客户的抱怨中得到的。

当你与客户发生意见分歧时，不妨耐心聆听客户的抱怨和指责，不要害怕自己会丢掉面子。失去面子往往能赢得尊重，最终赢得客户，赢得生意。相反，如果销售人员身上有不良的脾气，就会葬送自己的事业和前程，因为客户不是你的下属，不可能一味地对你忍让顺从或者无条件地服从你，不会主动配合你，更不会包容你的坏脾气。

面对客户的指责，销售员的"好脾气"可以创造出更好的业绩，这是许多从事销售工作人员的经验之谈。这里所说的"好脾气"，就是与客户洽谈时能够适当地控制自己的情绪，不急不躁，自始至终一直以一种平和的语气与客户交谈，即使遭受客户的羞辱也不以激烈的言辞予以还击，反而能报之以微笑。这种"你生气来我微笑"的工作态度往往能够打动客户，从而改变其固有的想法，最终达成交易。

反之，面对客户的指责，无论正确与否，坏脾气的销售人员最终只能失去自己的客户，所以应警惕坏脾气对销售工作的影响。如果想消除这种焦虑情绪，销售新人必须调整好自己的心理状态，做到临危不乱，处变不惊，时刻冷静地面对一切。

要想做一个成功的销售人员，需控制以下几种情绪：

一、不乱发脾气。做销售工作，被指责和被拒绝如家常便饭，这时不应乱发脾气，而应时刻保持一颗冷静的心。有些销售新人在愤怒情绪的支配下，往往不顾别人的尊严，以尖酸刻薄的言辞予以还击，使对方的尊严受到伤害。实际上，这样虽然能让心中的怨气得以发泄，但到头来吃亏的还是自己。

二、猜疑。猜疑是生意场中的腐蚀剂，它可使即将成交的生意前功尽弃。如果与客户发生误会，交易就难以取得成功。身为销售人员，一定要与客户保持畅通的交流，否则就会因为猜疑而失去客户。

三、嫉妒。嫉妒对一个人的身心健康成长是非常不利的。对于销售人员而言，假如看到其他同事取得良好的业绩就妒忌、诅咒，甚至诋毁，遭遇挫折就幸灾乐祸，那么他根本不可能得到同事的帮助，在销售工作中也难以打开局面。

四、恐惧。面对客户的指责或销售失败的经历都可能使人变得恐惧。特别是初出茅庐的销售人员。比如，一名销售新人首次拜访客户就遭到指责，那么当他下一次拜访客户之前，心里难免会有一些恐惧的阴影。造成恐惧的原因大多是销售新人缺乏自信，要想克服这一弱点，销售新人必须苦练推销技巧，练就过硬的心理素质，坦然应对客户的指责。

五、焦虑。产生焦虑情绪而不想方设法加以控制和克服，就会在客户面前失去自信。这样一来，客户就很难相信销售人员所推销的产品。

其实实际生活中，不论是顶尖级销售人员，还是销售新人，谁都会有发怒的时候，谁都不会永远不发怒。但是，客户的指责不是无缘无故发生的，销售员少发怒和不随便发怒却是做得到的。要想化解客户的指责，必须标本兼治。要想治本，就需要加强个人修养，包括提高文化素养和道德情操，拓宽心理容量，不要因为客户的一点小事就斤斤计较。

你肯为他着想，他就会买你的产品

懂营销的人都知道，把握好客户的心理才是终极的制胜法宝，他们深知每个客户其实都只会关心自己的利益，许多客户甚至会为了掩饰自己想得到优惠的心理而故意说一些善意的谎言，以掩饰自己的真实利益。所以，肯为客户着想，你的销售才会做得顺畅。

不论做什么事情，销售员都要设身处地去为客户着想。正如孔子所言："己所不欲，勿施于人。"身为一名尽责的销售员，应遵守商业道德，不要只为赚取更多的盈利，而硬将顾客不需要或品质差劣的产品推给他。试想，如果你也遭受这种待遇，滋味又会是如何呢？

销售员要知道客户所需要的是什么，然后针对他的需要，对客户说些他们想听的建议和利益，而不是硬向客户推销你想卖出去的产品。这就好比是钓鱼时用的鱼饵，不是你所喜欢吃的东西，而是鱼最喜欢吃的食物。销售员与客户交谈沟通时，要肯为他着想，不要忘了"投其所好"。自己时刻想着客户最关心的是什么，自己将如何满足他的需要。

客户一般都存有重视自我的心理，这包含两层含义：一是对自身的关心和保护，二是希望得到他人的关心和重视。而在购买的过程中，客户也具有这样的心理，客户会特别注重商品对于自身的价值，同时也希望得到销售员对自己的关心和重视，假如产品不错，销售员又对自己表现出了足够的重视，那么客户就会非常乐意购买他的产品。

小王、小李两个销售人员到同一个客户那里推销商品，销售人员小王到了客户的家里，就开始滔滔不绝地介绍自己产品的质量多么的好，多么的畅销，如果不购买的话会多么的可惜，结果客户毫不客气地打断了小王的介绍，说："不好意思，先生，我知道你的产品很好很畅销，但是很抱歉，我完全不需要；因为它不适合我。"小王只好很尴尬地说抱歉，然后离开。

等到销售人员小李到该客户家里推销时，却是另外一种情况。小李到了客户的家里，边和客户闲聊边观察客户的家具布置，揣测客户生活档次和消费品位，并和客户家的小孩玩得很好，似乎小孩已经喜欢上了这位叔叔。同时小李在向客户介绍自己的产品时，先询问的是客户需要什么样的款式和档次，并仔细地为客户分析产品能够给客户带来多少潜在的利益。比如，会给客户省下多少开销。最后小李并没有把自己的产品卖给客户，而是说公司最近会推出一款新机型，特别适合客户的要求，希望客户能够等一等，自己过段时间再来。

小李的一番言语让客户非常感动，因为销售人员小李切实地从客户的立场出发，为客户考虑了很多，表现出对客户的真诚的关心，使客户得到了真正的实惠，赢得了他们全家人的信任。

当小李再次来到客户家中的时候，还给客户的小孩带了些小礼物。小李受到了客户的热情接待，并且很顺利地购买了他的新产品。之后，销售人员小李和客户建立了长久的销售关系，客户从他这里买走了很多产品。

上面的例子让我们知道，客户需要得到销售人员的关心和重视，需要得到适合自己的、能给自己带来实惠的产品和服务。销售人员真诚地为客户考虑了，让客户感受到了关心，客户才会和你达成交易，甚至和你建立长期的伙伴关系，实现彼此的"双赢"。

从事销售的过程中，销售员要把客户当作跟自己合作的长久伙伴，而不是时刻关注怎样最快地把商品卖给客户。销售员唯有把顾客的问题当作自己的问题来解决时，才能得到客户的信赖。因为，适当地为客户着想，会使销售人员与客户之间的关系更趋稳定，也会让你们的合作更加长久。

一位推销专家曾说："销售是一种压抑自己的意愿去满足他人欲望的工作。毕竟销售人员不是卖自己喜欢卖的产品，而是卖客户喜欢买的产品，销售人员是在为客户服务，并从中收获利益。"所以在推销活动中，最重要的不是销售人员自己而是客户。客户至上，应该是销售人员遵循的根本原则。能否站在客户的立场上为客户着想，才是决定销售能否成功的重要因素。

在销售过程中，不少销售员的心里面都有这么一个原则，那就是"以赢利为唯一目标"。在这一原则的指导下，很多销售人员为了使自己获得最多的利益，总是不惜去损害客户的利益。他们或者诱导客户购买一些质劣价高的商品，或者是达成交易后就感觉事情已经与自己无关，不管客户在使用商品的过程中会出现什么问题。其实，这样做可能会在短期内获得不菲的收益，但从长远的角度来看，对销售员的发展却是有害的。因为如果客户的利益受到损害，对销售人员的信赖度就会降低。长此以往，就会导致销售人员的客户不断流失，从而使自身的利益受到巨大的损失。

实际上，很多销售人员视野稍显狭隘，他们总是一味地关心自己的产品是否能卖出去，一味地夸赞自己的产品多么先进、多么优质，而不考虑是不是适合自己的客户，客户喜不喜欢。这样给客户的感觉就是你只关注自己的产品，只注重自己能赚多少钱，而没有给他以足够的关心和重视。客户的心理需求没有得到满足，于是会毫不犹豫地拒绝你的产品。

所以，让客户满意的根本，是销售员要让客户感觉到销售人员是在为客户谋利益，而不是为了获得他口袋里的钱，这样才有助于化解彼此之间的隔阂，真正达成销售的目的。

谁让客户方便谁就有钱赚

当收银员打价打到一箱饮料时，询问王女士是否带有同样的单瓶饮料，否则就得拆开饮料的纸箱取一单瓶打价。王女士心想，刚才购买时，促销员再三强调"买三赠一"，为何不提醒她带一单瓶！因为已经很累，虽然饮料是要送礼，但她还是让收银员打开了纸箱，所幸收银员用透明胶带将纸箱给封住，倒也看不出"破绽"。

付完款后，王女士索要饮料赠品时，却被告知要拿着购物小票到西出口处领取。王女士无奈只有将购来的两大塑料袋物品与饮料存在服务台，拿着购物小票到西出口领赠品。再次回到东出口时，近20分钟时间又过去了。正欲离开时，王女士又遇到麻烦了，由于购物太多，超市又没有装饮料箱的特大号塑料袋，王女士一次还无法将物品带走，只有将饮料箱挪几步，再回去将两只大塑料袋提几步，如此往返，终于将买来的物品挪到了马路旁。坐上出租车，王女士深深地叹了一口气："这购物怎么这样的累，这钱怎么花得这么不开心？

这样的商家就很容易失去客户。

满足客户对方便的需求要做的文章有很多。比如，商品布局要考虑到客户购物的方便，而目前百货店大多是从商家自身的角度考虑，因此，出现了许多大百货店把化妆品、黄金首饰装点门面的商品放在一楼经营，而把该放在距离商场出口近的地方经营的商品却放在较高的楼层。

商家把化妆品、黄金首饰放在一楼主要是考虑到店面视觉形象，整洁漂亮。但是，化妆品、黄金不是客户随机购买的商品，而是选择性非常强的商品，而且要求选购时的环境要雅静。商家把化妆品、黄金放在一楼，客流非常多，熙熙攘攘，商家的形象好看了，而客户的购物环境却变得恶化了，商家不知不觉损失了一部分客流。即使把化妆品放在距离商场出口最远的楼层，由于客户选购化妆品的目标性非常强，而且携带非常方便，所以客户是不会吝惜多走几步路的。

同理，大家电对客户来讲也是选择性、目标性非常强的商品，放在距出口远一点都没关系，客户选购时，是不介意多上几个楼梯的。有部分商场把大家电放在一层或距出口近的地方，主要是考虑到自己提运商品方便，而不是考虑客户方便。买大家电商品，目前是不需要客户搬动的，因此，自己多搬动一些是为了从整体上方便客户。

作为大商场，经营的品类比较多，考虑到方便客户，应把那些客户随机购买的商品，以及体积和重量稍大的商品，摆放在一层或距出口近的地方，因为这些商品一般都是客户随身带走，不需要商家提供送货上门服务，如日常的生活用品等。如果把化妆品、黄金、家电放在一楼经营，其他客户随机购买、且体重较大的商品就不能放在一楼或距离出口近的地方经营，这样从整体上讲，客户购物就不方便了。

客户对方便的需求还有一个重要的方面，就是怕来回多跑冤枉路。目前，许多商家在客户交款方面对客户的考虑欠妥，让客户交款时跑来跑去的，让客户等很长时间，信用卡消费有的得等半个小时，支票更麻烦，统一到一个部门去交，客户像走迷宫一样，好不容易找到了交支票处，得到的答复是得等3天或5天以后取货。客户等着急用商品，又不能提货，若退货吧，不仅客户白费了半天劲儿，既得罪了客户，商家也损失了销售。若不退货，客户无奈之下还得跑第二趟。这何谈方便客户？

商家也许会说，这是制度，这是出于资金安全的考虑，银行就这运转机制。金融部门的事商家管不了，但商家可以考虑解决这一问题，也许有那么极少数的人利用支票诈骗，但相信绝大多数客户都是诚实的，商家不能仅仅为了自身资金的安全，而"惩罚"99%诚实的客户。其实解决资金安全问题也并非难事，即使有困难，也应想办法解决，即使解决不了，如此"惩罚"客户也不妥。有人会说，一个大型商店每年的支票诈骗有几十万元乃至上百万元，这只是绝对数，而相对数也不过是千分之一不到。这比起决策失误、管理漏洞、跑冒滴漏造成的损失实在是小巫见大巫。

当然，要满足客户对方便的需求有很多，商品布局和交款只是比较大的方面。小的方面，如临时休闲椅，让走累的客户可以临时坐下来休息一下。但要注意休闲椅不宜多，因为商店不是旅店。另外可以有对待现场临时的病发者及时的抢救措施等。其实满足客户对方便的需求就是满足人的天性——"懒惰"的需求。这里要做的文章很多。这也正是为什么在中国混合业态比单一的超市业态和百货店业态要具有生命力的原因，因为混合业态能满足客户对方便的需求，客户购物时一次性购足了衣食住行的全部商品。

客户一般喜欢到那些能够轻松停车的购物场所购物。无论是汽车停车场还是自行车停车场都是影响客户去留的关键。据统计，一个汽车停车位一年可以带来10万元的销售额。在停车场内，一般左转进入比右转进入更适合人们的习惯，在入口处需有明确的标志，场内宽敞明亮，没有垃圾、积水，如遇购物高峰期还必须有专人调度。当然，卖场专用停车场必须都是免费的。

入口的设置同样相当关键，不但要方便临街正门行人的进入，还要考虑开车的客户是否方便进入、骑自行车的客户是否方便进入。通过各种途径到来的客户，无论哪类，客户如果需要绕着弯子，哪怕是多走几步路，只怕第二次就很难看见他的光临了。其次，有的卖场需要上若干级台阶或下几级台阶才能到店内，这都是客户不愿意支付的体力成本，好卖场是绝对杜绝的。另外，入口必须宽敞明亮、干净整洁、充满朝气和活力。如果条件允许，还要为客户提供诸如雨伞筐、擦鞋器、方便袋等必备器具。

一个好的卖场首先在建筑结构上应相当合理，便于客户进入。其次，店门需要宽大透明，让客户在外面就能浏览到店内的商品；同时，在一般情况下店门都需打开，如果因为冬季或需要开放空调等原因，至少也应换成自动玻璃门或轻盈隔温的透明帘子。除此之外，你还应检查你的地板是否过于光滑、商品是否会堵塞入口、纸箱是否乱堆乱放等包括视觉、听觉、嗅觉、审美等多方面的不妥。这些细节常常会给客户留下深刻的第一印象，是至关重要的。

客户对卖场的外观是否接受决定客户是否会走进店内，当踏进店内第一步后，安全感是决定客户购物心情的关键所在，只有在客户认为一切都是自由时才会安心地选购商品。

如果卖场设置比较阴暗、死角多，在店内人少的时候顾客会感到特别不安全，如遇销售人员冷不防在远处射来窥视的目光（防止客户偷盗商品），更会让客户恐惧顿生。因此在店内设置上要考虑到客户的心理因素，尽量将店面设计的明亮整洁。

个人预算标准就是决定客户是否购买的关键因素，如果商品价格过高或是不标价，仅凭销售人员说价，会给客户一种担心被"宰"的不安全感。为了打消因为预算和价格之间的矛盾，要明确地标出价格，在销售过程中再略低于标价出售，更能吸引客户。

如果客户没有购物，销售员用异样的目光看着客户离开，保证这个客户很难光临第二次。销售人员要有极度亲和力，客户只要进店就会得到最好的礼遇，才能争取更多的销售和回头客。

不同群体分类，不同舒适标准

对于一个经验丰富、老练的销售人员来说，他们往往能够从一群人中一眼就判断出谁是真正的客户、什么样的客户、应该如何接待。而对于一般的销售人员，可能会经常遇到这样一种情况：在使出浑身解数，说得口干舌燥之后，才发现费尽心力所说服的客户根本就不是"真正的客户"。所以，销售人员必须慧眼独具，把握好不同客户的消费动机和心理特征，采取不同的接待技巧，这样可以有效地提高成功率。

根据年龄层次，我们一般将消费者分为老年客户、中年客户和青年客户3种类型。

老年客户对原有的东西比较留恋，对新产生的东西常常持以怀疑的态度，一般是受家人或亲友的推介才能接受新生事物，但心理稳定，认定的事情不会轻易放弃或更改。他们一般是希望质量好、价格相对低，但决策行为缓慢，好对比，喜欢问长问短，对销售人员接待的态度反应非常敏感。对于这类阅历丰富的老年客户，我们要主动出击，诚心以待，当好参谋，减轻对方心理负担，如代客交钱、包装好物品并送货上门等。同时要注意在交流过程中把握好：音量不可过低，语速不能过快，态度要和颜悦色，语气要表示尊敬，说话内容要表现谦虚，做到简单、明确、中肯。让他们对你形成一种依赖感和信任，这样的客户群一旦形成，消费决策就不会轻易改变。

中年客户相对来讲是属于理智型的，他们一般不会轻易相信别人的建议和主张，那样他会感觉没有面子，因此要在赞同他的基础上再加以拓展。这个年龄段的客户分两种：一种是高薪阶层的，对他们就要强调消费档次、品位和审美；另一种是工薪阶层的，对这一类人我们需要强调的是品质、价格和服务。

青年客户具有强烈的生活美感，对价格表现得比较淡漠，而是一味地追求品牌、时尚、新颖、流行，往往是你新品推出的第一批消费者。消费具有明显的冲动性，易受外部因素影响，相信广告宣传，也是二次消费最多的群体。所以我们要迎合此类客户的求新、新奇、求美的心理进行介绍，尽量向他们推荐公司产品的流行性、前卫性，并强调公司新产品的新特点、新功能、新用途。

优柔寡断型的人往往在销售人员长时间的反复说明解释后，仍优柔寡断、迟迟不能做出决策，有时甚至在做出购买决策后仍犹豫不定。对于这类客户，销售人员需要极具耐心并多角度讲解，并要注意有理有据，有说服力，切忌信口开河。

针对不同群体不同的舒适标准，零干扰服务是一种不错的选择，它是新兴的商业服务观念，意指企业在提供销售服务的同时不对客户构成干扰和妨碍，为消费者提供适时、适度的服务。消费者的购买活动通常按照一定的时间顺序，经历一定的过程。零干扰服务注重"时"与"度"的有机结合，强调在最适宜的时间为消费者提供适度的服务，体现服务质量的更高层次和服务水平的更高境界。

与传统的销售服务方式相比，零干扰服务更充分地体现现代服务"以人为本"的理念。现代消费者更加注重精神的愉悦、个性的实现、感情的满足等高层次需要，而零干扰服务正是从消费者角度出发，以他们的需求、兴趣、心理等作为服务的基本出发点。它强调充分发挥消费者在购买过程中的自主性、主动性，提高购物热情。此外，消费

销售心理学 销售技巧 客户心态

者直接面对商品，自主进行选择，从而在很大程度上摆脱了对销售人员的依赖，大大减少了双方产生矛盾和冲突的机会。而且零干扰服务所体现出来的对消费者的信任感和尊重感，使整个购买过程更加人性化，更富有人情味。所以在零干扰服务过程中，消费者的心理状态是放松的、自由的，能最大限度地得到自尊心理的满足，这也是现代生活条件下客户产生购买行为的必要前提。零干扰服务可以实现"服务创造客户"这一目标，即不仅在最大限度、最高层次上满足消费者的需要，也要为商家带来利润。

实现零干扰服务，要求销售人员"看人行事"，以识别客户为第一要事。要针对消费者各个购买阶段的心理活动特征，采取相应的销售服务方法和技巧，提供适时、适度的服务，而不妨碍消费者的行为自由度。

现代商业企业的竞争焦点主要表现在服务的竞争上，谁能提供高质量、高境界的服务，谁就掌握了驾驭市场的主动权，就能在日益激烈的市场竞争中发展壮大。

客户喜欢那些热情诚恳的人

绝大多数的推销员，都不是天生的推销员。但成熟的推销技巧、诚恳耐心的态度，可以帮助客户喜欢你，你便可以尽早获得成功。

销售员对客户热情是毋庸置疑的，但是更要真诚。不要为了卖东西而卖东西，换个角度去想，如果你是客户，面对推销你会怎么想，你希望销售员怎么回答……把你想的给客户传达过去，相信你会有意想不到的结果。

热情诚恳会感染客户，会让其高高兴兴地购买销售员的产品。但过分的热情就像酷夏的太阳会把人灼伤，没人会喜欢；而适度的热情就像初春的阳光，会给人一种温暖，同时也会把冰雪融化。再冷漠的客户能到你的面前也会变得开朗起来，因为他是需要服务的，不是吗？

主动对客户微笑，他们才喜欢你

销售员的微笑是打开客户购买大门的钥匙，微笑能建立信任，让客户更加喜欢你。微笑会向客户传达你对他们的亲切与尊重，可以瞬间拉近双方的心理距离，更好地服务于客户。

微笑能建立信任，能让客户更加喜欢你。纵观历史，在任何时代、任何地区、任何民族中，微笑都是表示友好意愿的信号。在做销售工作时微笑，表明你对客户交谈抱有积极的期望。

微笑是人的天性使然，发挥这项天性却不容易做到。销售员的微笑服务，是一个人内心真诚的外露，它具有难以估量的作用，可以创造难以估量的财富。一位哲人所说："微笑，它不花费什么，但却创造了许多成果。它丰富了那些接受的人，而又不使给予的人变得贫瘠。他在一刹那产生，却给人留下永恒的记忆。"微笑服务能够产生一种力量，它不但可以产生良好的经济效益，赢得高朋满座，生意兴隆，并且还能够创造无价的社会效益，让销售员和企业口碑良好，声誉俱佳。在市场竞争激烈、强手林立的情况下，要想使自己占有一席之地，优质的销售服务是至关重要的。主动对客户微笑，又是其中的关键。

要想成为卓越的销售员，就先从微笑开始吧，它表现着人际关系中友善、诚信、谦恭、和蔼、融洽等最为美好的感情因素，销售员如充分意识到微笑的价值，并在各种场合恰如其分地运用微笑，就可以传递感情、沟通心灵、征服客户和对手。

原一平用自己的亲身经历讲述了这样一个故事：在底特律的哥堡大厅曾经举行过一个巨大的汽艇展示。这座会议中心经常举办各种汽车展示。在这次展示中，人群蜂拥而来参观，并且选购各种海上船只，从小帆船到豪华的巡洋舰都包括在内。

在汽艇展示期间，一个难得的交易失掉了，但后来又谈成了。这里将依照一个推销员的话，及底特律报纸商业版上的报道，把这次经过情形谈一谈。

在这场展示中，有一位来自中东某一个产油区的富翁，他停在一艘陈列的大船前面，面向那里的一位推销员，平静地说："我要买价值两千万元的船只。"这是任何推销员都求之不得的事情。可那位推销员看着这位顾客，面无表情，认为他只是一个来浪费他宝贵时间的人而已。这位推销员脸上缺少的东西就是微笑。

这位石油国富翁看着那位推销员，研究他没有微笑的脸，然后走开了。

他继续走向下一艘陈列的船，这回他受到了一个年轻的推销员很热诚的招呼。这位推销员脸上挂满了欢迎的微笑，那微笑就跟沙特阿拉伯的太阳一样灿烂。由于他最贵重的礼物——微笑，使这位富翁感到了宾至如归的轻松和自在。所以，他再一次说："我要买价值两千万元的船只。"

"没问题！"这第二个推销员说，仍然微笑着，"我会为您展示我们的系列。"他只这样做，但他已经推销了他自己。他已经在推销任何东西以前，先把世界上最伟大的产品推销出去了。

这回这位石油富翁留了下来，签了一张 500 元的储蓄券，并且对这位推销员说："我喜欢人们表现出他们喜欢我的样子，你已经用微笑向我推销了你自己。在这里，你是唯一让我感到我是受欢迎的人。明天我会带一张两千万元的保付支票过来。"

这位富翁说的是真话，第二天他带了一张保付支票回来，把它加到那 500 元的储蓄券中。很简单，一笔巨额交易就达成了。

这位用微笑先把自己推销出去的推销员，就是原一平自己。他后来又推销了海运产品。在那笔交易上，他可以得到百分之二十的利润，这或许已经够他一生的生活，但他不会这样懒散地过日子，他继续推销他自己，并且微笑着走上成功的道路。

　　至于那个没有微笑的第一位推销员，就没有人知道他现在在做什么了。

　　原一平学习自我推销所上的第一课是：你的这张脸不只是为了吃、天天洗、每日刮胡子，或化妆。它是为了呈现上帝赐给人类最贵重的礼物——微笑。说实话，皱眉头比微笑所牵动的肌肉还要更多。原一平稳稳地抓住了职位富翁客户，他的微笑帮了他大忙。

　　微笑能够产生一种魅力，它可以点亮天空，可以振作精神；可以改变你周围的气氛，更可以改变你自己。面带微笑的销售员会更受客户的欢迎。

　　你对别人皱的眉头越深，别人回报你的眉头也就越深。但如果你给对方一个微笑的话，你将得到10倍的回报。留给客户的第一印象并不是商品的质量和价格，而是你对他们的服务态度。对客户报以真诚的微笑，这是决定生意是否成交的关键。

　　在原一平的办公室，墙上挂着一个小告示，他整天可以看到它，上面写着："我看见一个人脸上没有微笑，所以我给了他一个微笑。"不知道这句话最早是谁先说的，真应该给那个人一份荣誉，因为他说了这句话，让每个人看到了脸上都会泛起一个微笑。销售员掌握了微笑的技巧，无疑给自己的销售带来了一份快乐和成功的保障。

千万不要虚情假意，客户能看出来

　　虚情假意只能招来客户的厌恶和抵制，而亲和力却能加深彼此的信赖。成功的销售员都具有非凡的亲和力，他们非常容易博取客户对他们的信赖，他们非常容易让客户喜欢他们，接受他们。换句话说，他们会很容易跟客户成为最好的朋友。

卡耐基曾说过：人类最终、最深切的愿望就是做个重要人物的感觉，这也就是为什么很多人喜欢听奉承话的道理。即使他们知道这些奉承话明明是假的，也仍然百听不厌。但是，销售员在客户面前，千万不要表现得虚情假意，你只有用十分的亲和力和真诚，才能够打动客户。

客户都是阅历丰富的人，你的虚情假意只能招来麻烦。反之，客户喜欢那些亲和力很强的人，通过我们敏锐的观察力以及对与他人相处的热诚，就可以达成良好亲和力的建立。

销售员和客户间的相处，首先尽量找出一些彼此间的"共同点"。客户总是喜欢同自己具有相似之处的人，不管这种相似性指个人见解、性格特性、嗜好还是生活习惯、穿着谈吐，等等。越和客户相似的销售员，彼此之间的亲和力就越强。而对客户虚假地献殷勤，远逊于亲和力所产生的效果。

很多销售行为都建立在跟客户友谊的基础上，客户喜欢向他们所喜欢、所接受、所信赖的销售员购买东西，客户喜欢向他们具有友谊基础的人购买东西。而讨厌那些虚情假意、满嘴没有实话的销售员，因为那会让他们觉得不放心。所以一个销售员是不是能够杜绝用虚情假意的奉承话，用亲和力很快地同客户建立起很好的友情基础，与他的业绩具有绝对的关系。

首先让我们看看原一平进行访问的实例。

"您好！我是明治保险的原一平。"

"喔——"

对方端详他的名片有一阵子后，慢条斯理地抬头说："两三天前曾来过一个某某保险公司的推销员，他话还没讲完，就被我赶走了。我是不会投保的，所以你多说无益，我看你还是快走吧，以免浪费你的时间。"此人既干脆又够意思，他考虑真周到，还要替原一平节省时间。

"真谢谢您的关心，您听完我的介绍之后，如果不满意的话，我当场切腹。无论如何，请您拨点时间给我吧！"原一平一脸正经，甚至还装得有点生气地说。对方听了忍不住哈哈大笑说："哈哈哈，你真的要切腹吗？"

"不错，就像这样一刀刺下去……"

原一平一边回答，一边用手比画。

"你等着瞧吧！我非要你切腹不可。"

"来啊！既然怕切腹，我非要用心介绍不可啦！"

话说到此，原一平脸上的表情忽然从"正经"变为"鬼脸"，于是准客户和他不由自主地一起大笑了。

上面这个实例的重点，就在设法逗准客户笑。只要你能创造出与准客户一起笑的场面，就突破了第一道难关，并拉近了彼此的距离。别人是自己的一面镜子，你越喜欢自己，也就越喜欢别人，而越喜欢对方，对方也容易跟你建立起良好的友谊基础，自然而然地愿意购买你的产品。实际上他们买的不是你的产品，他们买的是你这个人，人们不会向自己所不喜欢和讨厌的人买东西。

世界上最成功的顶尖销售员普遍都具有亲和力，也容易跟客户建立良好关系，他们都是容易和客户交上最好朋友的人。而对于那些失败的销售员，由于他们自信心低落、自我价值和自我形象低落，所以他们不喜欢自己，讨厌自己，当然从他们的眼中看别人的时候，很容易看到别人的缺点，也很容易挑剔别人的毛病。他们不接受别人，对别人虚情假意地推销产品，自然而然他们没有办法与他人建立起良好的友谊。

虚情假意的人缺乏亲和力，因为他们常常看他们的客户不顺眼，他们常常看这个世界的许多人都不顺眼，他们的亲和力低落，因为他们的自信心和自我价值低落，自然他们的业绩也就低落。

一个被我们所接受、喜欢或依赖的人，通常对我们的影响力和说服力也较大。亲和力的建立是人与人之间影响及说服能力发挥的最根本条件，亲和力对于人际关系的建立和影响力的发挥，就如同盖大楼之前须先打好地基的重要性是一样的。所以，学习如何以有效的方式和他人建立良好的亲和力，是一个优秀的销售人员所不可或缺的能力。

在销售行业中，销售员以潜在客户的某位朋友介绍的名义去拜访一个新客户的情况下，这个新客户要想拒绝推销员是比较困难的，因为他如果这样做就等于拒绝了他的朋友。当你以这种名义去拜访一位潜在新客户时，你已经从一开始就获得了 50% 的成功机会，因为，你们之间已经存在了某种程度的亲和力了。

去掉那些虚情假意吧，找到你和客户之间的共同话题，销售的工作才有可能开展。当人们之间的相似之处越多时，彼此就越能接纳和欣赏对方。你喜欢跟哪种人交往？你会不会喜欢结交事事与你唱反调，想法和兴趣都和你迥异，所谓的"话不投机半句多"的人呢？相信不会，你应该会喜欢结交同你个性、观念或志趣相投的人。你们有共同的话题，对事物有相同的看法和观点，或是有相似的环境及背景，不论如何，你们或多或少有某些相似之处。沟通也是如此，彼此之间的共同点越多就越容易沟通。

事实上，我们在销售产品前，得先把我们自己卖出去。你是否有过这种体验，你曾经碰到过一个人，你和他接触交谈了没有多久，就有那种一见如故、相见恨晚的感觉，你莫名其妙地就对他有一种依赖感和好感。不论你是否有过这种体验，关键是，你不能对别人虚情假意，因为别人都能看出来，唯有打造自己的亲和力，你的销售业绩才会越来越好！

好奇心是客户注意你的前提

销售过程中，销售员运用适当的手法唤起客户的好奇心，让客户对你的产品产生进一步探讨的欲望，这是销售中惯用的手法。这种方法应用得当，客户的注意力就会集中到你的身上，你就可以询问有关问题，逐步引导销售的程序了。

在销售中，利用客户的好奇心理，是一种很好的激发客户购买欲望的方法，因此在你满足客户好奇心的同时，客户也就自觉地接受了你的意见。

在销售的时候，销售员可以通过唤起顾客的好奇心，引起顾客的注意和兴趣，然后迅速转入面谈阶段。好奇心是所有人类行为动机中最有力的一种，唤起好奇心的具体办法可以灵活多样，尽量做到得心应手，运用自如，不留痕迹。

任何事情都有一定的承受限度，好奇心的利用不宜应用得过火。如果销售人员过度利用这种手法的话，会使客户的心情过度紧张，对客户造成压力，销售效果反而会大打折扣。

被誉为是英国十大推销高手之一的约翰·凡顿也在名片上做文章，以引起顾客的好奇心。在他的名片上，每一张上面都印着一个大大的25%，下面写的是"约翰·凡顿，英国公司"。当他把名片递给客户的时候，几乎所有人的第一反应都是相同的："25%，是什么意思？"约翰·凡顿就告诉他们："如果使用我们的机器设备，您的成本就将会降低25%。"这一下子就引起了客户的兴趣。约翰·凡顿还在名片的背面写了这么一句话："如果您有兴趣，请拨打电话。"他将这些名片装在信封里，寄给全国各地的客户。结果，许多人的好奇心都被激发出来了，客户纷纷打电话过来咨询。

需要提出的是，也许客户开始被销售人员所提出的问题吸引只是出于好奇心，想知道答案，但是当谜底揭晓后客户还在的话，就等于抓住客户的好奇心了。之后，销售人员就要想办法让客户对你的产品动心，要在语言上把产品的特点、性能和优势都描述出来，让客户体会到使用产品的效果。

在东北曾有这样一个小酒厂，生产了两年多，就是打不开市场，快要倒闭了，只剩下老板一人骑辆破单车，给饭馆和杂货店送酒。由于价格偏高，一般老百姓喝不起，高消费人群又嫌这酒没有名气。如果再这样下去，酒厂就只有倒闭了。

老板准备把厂子关掉。有一天，一饭馆老板说："能不能让我尝尝你的酒，看你那么辛苦，怎么你的酒就是卖不出去呢？"酒厂老板当时打开一瓶，给临近的几桌都倒上，没想到这酒芳香扑鼻。这时包厢出来一个人，问："什么酒这么香，给我们里边来两瓶。"不一会儿整个饭馆都是这酒的香味。饭馆老板说："你剩下的几箱我都要了，给你出个主意，每家饭馆你都送上两瓶，写上此酒喝一口香三里，不香不要钱。"果然这个酒两个月后成了这个地方的名酒。

酒馆老板利用客人的好奇心成功地打开了这种酒的销路。所以，销售员在推销的过程中，不妨想方设法把自己的产品卖点神秘化，尽量让客户对你的产品产生好奇心，这样他们才会有购买的欲望。

一位领带推销员曾被某百货公司的经理多次拒绝接见，原因是该店已经有一家固定的领带供应商，经理认为没有理由改变固有的合作关系。

有一天，这位领带推销员又来了，这次他首先递给经理一张便条，上面写着："您能否给我10分钟的时间，就您公司的一个经营问题提一点建议？"

这张便条引起了老板的好奇心，推销员被请了进来。于是，他拿出一种新式领带给经理看，对他说：

"这种领带使用了一种特殊的香料，这种香料价格昂贵，而且制作工艺比原来的复杂10倍。因此，它戴起来让人浑身有一种淡淡的香味，令人心情畅快，深受年轻人喜欢。正是鉴于这个原因，我想请您报一个公平合理的价格。"

经理仔细地端详着这些产品，感觉它确实是一件不一般的产品。推销员看到他确实有点爱不释手，突然对他说："对不起，时间到了，我说到做到，不能耽误您的时间，我走了。"

话毕，他拎起皮包就要走。

这下经理急了，要求再看看那些领带。最后，他按照推销员所报的价格订购了一大批货。

这位聪明的销售员利用给商场提建议的借口，勾起了商场经理的好奇心，成功地推销了自己的香味型领带，不失为是另类突击法。当然，好奇心的销售方法是建立在产品过硬的基础上的。

利用客户的好奇心是销售的好方法，但需要注意的一点是，这种利用有时候会被客户认为是在耍花招，所以销售人员提出的问题不应该太脱离实际，而且答案也要和客户的自身利益相关，因为你的答案如果只让客户觉得你一个人受益而他丝毫无利可图时，就会觉得受到了你的欺骗。没有客户喜欢被玩弄的感觉，所以，利用好奇心销售要把握火候，不宜太过火。

好奇心人皆有之，你要是能把客户的注意力集中到你的产品上，这时候你的产品就有了竞争优势，而注意力的集中有赖于你对客户好奇心的激发。所以，抓住客户的好奇心，是当今销售员必备的素质。

热情地去联系客户，他们才不会烦

改善客户关系的最好方式就是"花时间"，当我们了解人际关系占成功的这么一大部分，那就要去努力改善。奉献出你的热情和真诚，让客户看到你的真心，让他们体验到你的产品的真正价值，他们才会心悦诚服地购买你的产品。

把握了客户的真正需求，如何让客户购买我们的产品？很简单，改善客户关系能帮助你促成销售，最好的方式就是销售员要舍得"花时间"。因为每一个人都觉得当你愿意花时间跟他相处时，他就觉得你认为他很重要。你不跟客户花时间相处，或者你不够热情和真诚，客户就觉得你认为他不够重要。

销售员需要时时把握客户的需求与承受能力，体察客户的心态，才是最终销售成交的关键。许多时候，我们做了很多事情，也浪费了很多时间，可最终临门一脚却打歪了。回头想想，是不是平时我们没有热情地去联系客户呢？

每一个人都喜欢受重视，客户也是如此。等到客户有需求的时候再去联系他们，客户会感觉你是虚情假意。销售员花时间跟客户相处，花时间热情地联络你的客户，花一些时间送他一些小小的赠品，花时间写一张感谢卡给他，花一些时间跟他打电话，花一些时间跟他聚餐，花一些时间跟他一起郊游，这个时候你们的关系是不是跟以往不一样呢？

很多推销员都对自己客户的印象很不好，这样他们就从心里有了一定的抵触情绪，在跟客户沟通的时候，他们就显得不太热情，这种隐形的抵触情绪会影响推销员的外在情绪，如向客户介绍自己的产品时就像走马观花，一鼓作气地把产品功能介绍完，不论客户是否需要。这样的推销员是不合格的，要知道，你只有接受你的客户，客户才能去接受你的产品。

高木被誉为是日本的"推销大王"。起初，高木在刚进入推销界的时候，遇什么事都不顺。他一个人每天需要跑三十多家单位去推销复印机。在那个战后百业待兴的时期，复印机可是一种非常昂贵的新型产品，也有很多人根本不知道它是用来做什么的，所以大部分行政机关和公司都不会购买。

很多机构甚至连大门都不让高木进，即使他进去了，也是很难见到负责人的。高木只好设法弄到负责人家里的住址，然后再登门拜访，而对方总是让他吃闭门羹，说辞经常是："这里不是办公室，不谈公务。回去吧。"第二次高木再去，对方的口气更为强硬："你再不走，我可要叫警察了！"遇到这样的顾客，估计大多数人都不会再去了，因为这样的客户是令多数人无奈的。但高木不同，他还是会去公司找这位顾客，并很热情地介绍使用复印机的利润效果。高木觉得，坏脾气的人很直接，他只是现在还不了解它的用途，一旦他答应了，就会很快购买。所以高木仍然会去找他，虽然还是会被拒绝。

前3个月，高木的业绩是零，因为他一台复印机也没有卖出去。那时候他是没有底薪的，一切收入都来自交易完成之后的利润提成，没有做成生意，他就连一分钱的收入都没有。他经常是身无分文，出差在外时住不起旅馆，就只好在火车站的候车室过夜，但他仍然坚持着。

忽然有一天，他打电话回公司，问有没有客户来订购复印机，这种电话他每天都要打好几次，每次得到的都是值班人有气无力的回答："没有。"但这一天，值班人回答的口气不同了："喂，高木先生，有家证券公司有意购买，你赶快和他们联系一下吧。"

对高木来说，这个消息简直是个奇迹，这家证券公司决定一次购买8台复印机，总价值为108万日元，按利润的60%算，高木可以得到超过19万日元的报酬。这是他人生中的第一次成功，而购买这么多复印机的正是那个坏脾气的负责人。从此以后，他的销售业绩呈直线上升，连他自己都觉得惊讶。

转眼半年过去了，高木已经是公司的最佳推销员了。他觉得，自己之所以能够取得成功，是因为他把每位顾客都当朋友，不介意他们对自己的不礼貌，原谅他们的粗鲁，正因为这样他才能有激情地工作。

后来，高木就成为日本推销界著名的人士，还写了不少著作。他曾说过："千万不要做一个只在山脚下转来转去、毫无登山意志的人，必须尽自己的体力，攀登上去。"是热情，成就了高木的业绩。

其实，做一个出色的推销员，就是要拿出你最佳的热情去接受自己遇到的各类客户，不管是好的还是坏的，喜欢的还是讨厌的，你都要拿他们当朋友看，只有你将他们当朋友看的时候，你才会去包容他们，并对他们产生热情，而人与人之间的感觉是可以互相传递的，你的真实诚恳他们是感觉得到的，主动联络才能培养关系。

"一回生，二回熟。"面对客户，销售员需要拿出自己的热情主动去联系客户。所有的人际关系都是这样培养起来的。你不联络，不这样继续保持联络，不继续主动联络，你的销售工作是不会成功的。

每一个成功的人都了解如何建立人脉，同时维持人脉。很多人可以建立人脉，但是没有办法维持，原因在什么地方？因为他没有主动联络。对于客户也是一样，你不拿出你的热情来，客户为何要购买你的产品呢？

巧妙的预约是迈向成功的第一步

销售员对客户的"销售预约"，既能够表现出自身应有的礼貌和素质，又能够设下悬念，引起客户的兴趣，还可以化解客户的抗拒。对于客户来说，预约服务可以给自己节约时间，让自己做好一定的心理准备。双方在约定的时间里见面并洽谈，都珍惜见面的短暂的机会，从而使得销售人员认真地对待，而客户也会认真地倾听，最终效果会十分明显。

对于销售员来说，预约客户几乎是家常便饭。预约客户也能说是销售人员必备的一项基本功，假如这项技能掌握不好，销售员就可能会由于自己的鲁莽而失去潜在的客户。不管人们在想什么或者做什么，都会提前进行安排，需要有一个心理准备的过程，从而有一定的反应时间。假如事情突然降临，会让人一时间手足无措，造成心理上的不安。所以，销售员要高度重视预约工作，学会为客户提供预约服务。

很多销售员或许都有过类似这样的体验，那就是很多客户都难得一见，特别是想要到客户的家里或者办公室去谈生意，当销售员提出这样的要求时，得到的往往只是对方的拒绝。而很冒失地提出到客户那里谈生意是很不礼貌的行为，而且也会引起客户的反感。所以，销售人员要学会尊重自己的客户，善于和客户进行预约服务。可以说，当你成功地完成了预约时，那就意味着你的销售工作已经成功地向前推进了一大步。

通常来讲，预约对于老客户可能会容易成功，而对于从未谋面的新客户来说就会比较困难，这时销售人员进行预约，最好先不要提及销售的事情。假如客户听到你说与他见面只是为了销售，那么就很容易引起客户的抗拒心理，从而遭到拒绝。所以，当客户问你找他有什么事的时候，销售人员可以不要谈生意的事情，要为彼此能够见面、能够认识、能够简单地进行交流、能够引起客户的兴趣奠定基础，方可达到销售预约的目的。

只要有机会和客户见面，就有机会向客户销售商品，所以销售员不要急于求成，要知道在这样的时刻，特别是面对新客户，能够先不说销售而获得与客户见面的机会，要比直接进行销售而遭到拒绝要划算得多。

小尹是一位优秀的保险销售人员，在与某公司的张总成功地签过一笔单子以后，那位张总又给他介绍了自己的一位姓杨的朋友，也是一家公司的经理。几天以后，小尹开始通过电话来预约这位客户。

小尹：您好马经理，我是小尹，您是张总的朋友吧？他让我向您问好。

马经理：是的！

小尹：马经理，我是人寿保险公司的销售人员，张总建议我应该结识您。我知道您很忙，我能够在这周的某一天打扰您 5 分钟吗？

马经理：你找我有什么事情吗？不是想销售保险吧？已经有很多销售人员找过了，我不需要买保险。

小尹：那也没有关系，我保证不会向您销售保险。明天 10 点，您能给我 5 分钟的时间和您见面吗？

马经理：那好吧，但是 10 点半我还有别的安排，希望你不要超时。

小尹：好的，您放心，我保证不会超过 5 分钟。

马经理：好吧，你能准时 10: 10 到吗？

小尹：谢谢，我一定准时到达。

第二天，小尹准时到达了马经理的办公室。小尹和马经理边握手边说："马经理很忙，时间是很宝贵的，所以我一定会遵守 5 分钟的约定。"于是小尹尽量简短地向马经理进行了提问，5 分钟时间很快就过去了。这时小尹说："时间已经到了，您还有什么要告诉我的吗？"

马经理在接下来的 15 分钟里才把小尹想知道的一切都告诉了她，而且完全是自愿的。之后小尹又找时间和马经理谈了几次，结果小尹很快就说服了马经理，签订了一个两百万的大单子。

案例中，小尹就是一个善于预约的销售高手，仅用 5 分钟的时间就让客户主动延长了彼此的谈话。她信守承诺，成功地完成了第一次见面，不仅获得了最有用的信息，还给客户留下了良好的印象，所以最终成功实现了销售。

因此，预约不仅是一种销售必需的程序，其中还暗含着很多的心理技巧，只有仔细琢磨客户的心理，顺势而动，才能够抓住客户的心，使客户向你敞开心扉，接受你的产品。

也许有人会这样说，预约客户的方法只是比较适合于那些经常出去拜访客户的销售人员使用，而对那些在店里站柜台，或者在办公室联系客户的销售人员则是不适合的。其实不然，不出去拜访客户的销售人员也可以进行预约。前者是预约自己去见客户，后者则可以预约客户来见自己。很多销售人员可能会有这样的感叹："让客户来见我，那岂不是太高抬我了！""客户怎么会自己走进我的办公室啊？"

其实不然，曾经有一位很优秀的销售人员说："我在办公室完成了 65% 的工作，我总是把我和客户的谈话安排在办公室，在这里和客户谈话，不会受到干扰，可以进行得更快、更令人满意。"其实大多时候客户也是喜欢这样的方式的。

预约客户是销售人员应该长期坚持的一种习惯，不仅要预约自己去拜访客户，也可以预约客户来接受服务。只要你能够给客户提供方便，客户就会比较容易接受。同时在预约时注意在心理上给客户以吸引，让他主动地表达自己，使你获得更多有用的信息，帮助自己顺利开展销售。

和客户定好了预约的时间，销售人员就应对本次约见事由作些准备，以便清楚地向对方说明来访的目的，期望取得合作。销售人员在约见客户时，必须选择不同的事由，以适应不同客户的心理要求；充分尊重客户的意愿，以便取得客户的长期合作。只要约见的事由充分，销售人员的心意诚恳，就一定会得到客户的赞同。

实际上，预约不仅是一种温馨的提示，更是一种细致的关怀，会深深地触动客户的心灵。销售人员不能为销售而销售，而是应该注重对客户的服务，只要你给客户带去了便利和好处，客户自然会购买你的商品。因此预约是打开客户心门的一把金钥匙，销售人员要将其应用好。

适当地给客户一些好建议

当客户不能下决心购买你的产品时，销售员不能被动等待，只有主动出击才能赢得订单。此时最好的办法就是给客户提点建议，帮助客户下决心。给客户提建议不是去否定客户，而是为客户提出一些建议以供其参考选择。

美国汽车大王福特曾这样说，如果有什么成功秘诀的话，就是设身处地替别人着想，了解别人的态度和观点，哪怕是给客户提一些建议。因为，这样不但能得到对方的理解，而且可以更加清楚地了解对方的思想轨迹及其中的"要害点"。销售员方可有的放矢，击中成交的"要害"。

不论是否有道理，一般人都不愿意被直接反驳。因此，当客户提出异议时，最好不要开门见山地对其直接否定，而且在表达不同意见时，也最好用"是的……如果……"之类的句子。生活中就有很多销售员就是适当地给客户提出建议，最终成功地解决了客户的异议。

客户的意见被肯定之后，客户一般会变得很好说话，因为客户会认为你是站在他的立场上思考问题。如果客户说得不对，一般情况下也不能直接否定客户。

迫不得已使用直接反驳这一招时，销售员必须要注意自己说话的语气和用词，态度要诚恳，对事不对人，不要让人觉得你是在无理狡辩。但是，最好的方法还是给客户提建议，让客户自己作出决断，同时达到销售的目的。

美国钢铁公司总经理卡里，有一次请来美国著名的房地产经纪人约瑟夫·戴尔，对他说："老约瑟夫，我们钢铁公司的房子是租别人的，我想还是自己有座房子才行。"此时，从卡里的办公室窗户望出去，只见江中船来船往，码头密集，这是多么繁华热闹的景致呀！卡里接着又说："我想买的房子，也必须能看到这样的景色，或是能够眺望到港湾的。请你去替我物色一所吧。"约瑟夫·戴尔费了好几个星期的时间来琢磨这样的房子。他又是画图纸，又是造预算，但事实上这些东西竟一点儿也派不上用处。不料有一次，他仅凭着两句话和5分钟的沉默，就卖了一座房子给卡里。

自然，在许多差不多的房子中间，第一所便是卡里及其钢铁公司隔壁的那幢楼房，因为卡里所喜爱的景色，除了这所房子以外，再没有别的地方能更好地眺望江景了。卡里似乎很想买其隔壁那座房子，并且据他说，有些同事也竭力想买那座房子。

当卡里第二次请约瑟夫去商讨买房之事时，约瑟夫却劝他买下钢铁公司本来住着的那幢旧楼房，同时指出，隔壁那座房子中所能眺望到的景色，不久便要被一所计划中的新建筑所遮蔽了，而这所旧房子还可以保全多年对江面景色的眺望。

卡里立刻对此建议表示反对，并竭力加以辩解，表示他对这所旧房子绝对无意。但约瑟夫·戴尔并不申辩，他只是认真地倾听着，脑子飞快地思考着，究竟卡里的意思是想要怎样呢？卡里始终坚决地反对着那所旧房子，这正如一个律师论证自己的辩护，然而他对那所房子的木料、建筑结构所下的批评，以及他反对的理由，都是些琐碎的地方。显然可以看出，这并不是卡里的意见，而是那些主张买隔壁那幢新房子的职员的意见。约瑟夫听着听着，心里也明白了八九分，知道卡里说的并不是其真心话，他心里实在想买的，却是他嘴中竭力反对的他们已经占据着的那所旧房子。

因为约瑟夫一言不发静静地坐在那里听，没有表示他对买这所房子的反对意见，卡里也就接下来不讲了。于是，他们俩都沉寂地坐着，向窗外望去，看着卡里所非常喜欢的景色。

这时约瑟夫开始运用他的策略："这时候，我连眼皮都不眨一下，非常沉静地说：'先生，您初来纽约的时候，您的办公室在哪里？'我等了一会儿，又问：'钢铁公司在哪里成立的？'他又沉默了一会儿才答道：'也在这里，就在我们此刻所坐的办公室里诞生的。'他说得很慢，我也不再说什么。就这样过了5分钟，简直像过了15分钟的样子。我们都默默地坐着，大家眺望着窗外。终于，他以半带兴奋的腔调对我说：'我的职员们差不多都主张搬出这座房子，然而这是我们的发祥地啊！我们差不多可以说就在这里诞生的、成长的，这里实在是我们应该永远长驻下去的地方呀！'于是，在半小时之内，这件事就完全办妥了。"并没有利用欺骗或华而不实的推销术，也不炫耀许多精美的图表，这位经纪人居然就这样完成了他的工作。

约瑟夫·戴尔的成功，完全是因为他从两次与卡里的交谈中，琢磨透卡里心中的真正想法。他感觉到在卡里心中，潜伏着一种他自己并不十分清晰的、尚未觉察的情绪，一种矛盾的心理。那就是卡里一方面受其职员的影响，想搬出这座老房子；而另一方面，他又非常依恋这所房子，依然想在这里住下去。约瑟夫·戴尔之所以能做成这桩生意，就在于他能研究出卡里的真实意图，恰当地给客户提出了建议，使卡里能用一个新的方法来解决这个矛盾。

客户会因为你恰当的建议而感动。总的来说，要让客户跟我们在任何事情上合作，最重要的是，必须使他们自己情愿。而我们要达到让他们情愿这个目的，就只好去迎合他的兴趣，投其所好，在恰当的时机提出恰当的建议。只有这样做，我们才能打动他，使进行中的事情达到我们销售的期望。

想方设法消除客户的疑虑

想方设法消除客户的疑虑，会让我们的销售得以顺利开展。销售员可以从侧面鼓励客户，要让那些没有主见、如同一张白纸的客户赞成我们的意见，比如，用"同调行动"心理来当作战术，可以使销售异常火爆。

人人都得消费，每个人都是消费者。在平时的消费中，我们见过很多"王婆式"的销售员，他们一般都是自卖自夸，仅仅是单方面宣传、介绍自家的产品，对这样的销售方式，客户是否能拿出足够的时间，耐心听他的介绍？是否相信他的介绍？是否信任他？换位思考下，我们自己都不敢肯定会相信他。这样原始、简单、粗放的销售方式，客户是难以接受的，销售更是难以成功的。

为了解除客户对自己的戒备心理，销售员最好不要在沟通一开始就直截了当地说明自己的销售意图。那些销售高手们通常都会在拜访客户以前掌握充分的信息，然后找一个客户比较感兴趣的话题，直到时机成熟的时候再引导客户参与到销售活动中来。

包先生经营一家名为好梦来的席梦思商铺。因为席梦思曾经出现过一些伪劣产品，很多客户在购买了席梦思之后不到一年的时间，里面的弹簧就断了，所以在好梦来开业的时候，人们对它并没有产生好感。在客户心目中，席梦思是一种骗人的东西，不可相信。

包先生是个本地人，几年前自己也曾购买过劣质的席梦思。不到半年时间，不仅弹簧断了，连席面都破损了。正是因为这个原因，包先生决定开一家专营席梦思的商铺。他始终相信，只要客户相信了自己的席梦思是真的，那么市场前景还是非常广阔的，还是有利可图的。

可是，现在商铺开起来了，该如何向客户证明自己的席梦思是优质的、正宗的呢？包先生想到了平常在街上看到的卖塑料产品的摊贩在沿街敲打自己的商品，以表示自己的商品是正品，那么自己的席梦思是不是也可以利用这样一个方式来进行宣传呢？

次日，包先生就将5张"好梦来"席梦思放在地上，并且开来10吨重的压路机，好奇的人们纷纷围拢过来一看究竟。包先生看客户已经聚集过来了，就指挥着压路机对席梦思碾压。伴随着压路机的"隆隆"声，人们的心也提到了嗓子眼：这样碾压还不把席梦思搞坏了？

可是包先生一点也不害怕，他还要求压路机往返碾压了4次，并且当场叫客户帮忙打开席梦思。打开之后人们才发现，一米五宽的席梦思，总共有288个弹簧，竟然没有一根是坏的，甚至里面的几何图形也完好无损，现场的目击者无一不惊叹席梦思的质量。

通过这次试验，"好梦来"席梦思声名大振，客户们纷纷找包先生订货。

耳听为虚，眼见为实，客户最喜欢实实在在的产品。与一般展示商品质量的方式不同，包先生的"破坏试验"是在大庭广众面前，借助很有视觉冲击力的破坏性的试验进行的，这样的销售方式能给客户很大的刺激及震撼，给人们留下很深的影响和很好的口碑，使顾客对销售员与商品产生信任，促成客户的大量购买。

有时候，客户自己拿不定主意要买不买，销售员要说服像"白纸"一样毫无主见的人，可以事先说："大家的意见都是这样……"推销员最习惯对人说的就是"大家都买了这个东西"，或"隔壁和对面的太太都各买一打"，这就是巧妙地运用了"同调行动"心理。实际上，"大家"是否真的都买了，用眼睛是无法确定的，但是只要讲"大家"就可以打动人们脆弱的心，促使他们采取"同调行动"。使用这句话，往往能赢得没有主见的客户。这种"同调行动"心理不仅在集聚人群时起作用，有时在一个集体意见一致时，它也会对个别起作用。

一家卖冰淇淋的连锁店，在分店开张时，雇用一大群学生，让他们围在店门前吸引顾客。此战略果然奏效，引来了一大批顾客。而新力电气公司在向年轻人推销随身听时，就先让学生随时随地携带着随身听，并表现出一副自得其乐、很陶醉的样子。在这故意制造出的景象下，其结果必然是随身听大为畅销，他们利用这种心理战术而促销的方式非常成功。

销售者应用舆论压力，让消费者在"人云亦云"这样的舆论影响下追随购买。销售者在必要时还应"虚张声势"。一些新产品问世之初，往往不为人们所识，商店也不愿意经销这些产品，因为商店对新产品的社会需求量没有把握，对它的质量也缺乏信任。于是"发明"了"虚张声势"的招术。

东京荒山川区住着一位叫做矢田一郎的居民，他的儿子是个身体残疾的儿童，他每天都为儿子的大小便弄得满头大汗，于是他就开始研究残疾人用的便器。经过两年的埋头研究，终于成功了。

他认为这项东西非常方便而且实用，市场是不会有问题的。因此申请专利，并开始从事制造，然后去各商店和百货店推销，但没有一家愿意买他的商品，也不愿意替他卖。他们都不喜欢把这些不雅观的便器摆上柜台。

经过一段时间后，他终于想出了一个妙招：拜托许多朋友，每天打电话给百货店，如此问个不停："你们有身体残疾者用的叫'安便器'的便器吗？"

半个月之后，东京的各百货店感到再不能忽视安便器，不能再采取不理的态度了。于是，卖安便器的百货店如雨后春笋般一家一家地出现了。

其实好的、实用的东西迟早会打开销路，不会滞销，这是商品学的原则。但一上市就能畅销的商品实在太少，需要花一番心血，有时甚至需要创造需求的气氛，才能使之成为畅销的商品。

销售是一门艺术，它能说服消费者来买，同时制造一种气氛让卖家说服自己来买。而最有力的方法，是拿出事实证明其他人也急于需要，当然，这个"事实"必须是真实的。这种制造舆论压力的手段在现代市场里有很大用处，而且在必要时还可以用"虚张声势"的方法来达到自己的目的。

客户也需要你认真地聆听

一位成功的保险业务员对如何使用倾听这个推销法宝深有体会：

一次，我和朋友去一位富商那儿谈生意，上午9点开始，过了6个小时，我们步出他的办公室来到一家咖啡馆，放松一下我们几乎要麻木的大脑。可以看得出来，我的朋友对我谈生意的措辞方式很满意。第二次谈判定在下午2点到6点，如果不是富商的司机来提醒，恐怕我们谈得还要晚。知道我们在谈什么吗？

实际上，我们仅仅花了半个小时来谈生意的计划，却花了6个小时听富商的发迹史。他讲他自己是如何白手起家创造了一切，怎么在年届50时丧失了一切，后来又是如何东山再起的。他把自己想对人说的事都对我们讲了，讲到最后他非常动情。

很显然，多数人用嘴代替了耳朵。这次我们只是用心去听、去感受。结果是富商给他40岁的孩子投了人寿险，还给他的生意保了10万元的险。我对自己能否做一个聪明的谈判人并不在意，我只是想做一个好的听者，只有这样的人才会到哪儿都受欢迎。

具体含义可以分为以下几个部分描述：

第一，做个忠诚的听众。不要轻易另起话题突然打断对方的讲话，这是交谈中的一个忌讳。如果迫不得已，你一定要看看对方的反应，打断对方的讲话意味着你对人家观点的轻视，或者表明你没有耐心听人家讲话。如果需要对方就某一点进行澄清时，你可以打断对方。

第二，跟着对方的思绪。据调查，大多数人听话的接收速度通常是讲话速度的 4 倍，也就是说一个人一句话还未说完，但听者已经明白他话讲的内容是什么。尽管如此，你也必须要跟着对方的思绪，听他到底要讲什么内容，也只有这样做，你才可能听得出对方的立场和话外之音。

第三，适当地迎合。口头上讲一些表示积极应和的话，比如"我明白""真有趣""是这样的"。它可以表明你的确是在认真地听客户讲话，这样，客户会对业务员产生信任。向客户表明你在认真地听他讲话的方法还有：你向他就有关问题进一步澄清，或是希望得到更多的有关信息。这些表现很重要，但绝对不要用"嗯、哦"来表明你的共鸣，这种做法太简单，虽然确实可以表明你对客户的讲话是感兴趣的，但让他人听起来像是敷衍。

第四，千万不要打哈欠。如果客户在兴致勃勃地向你叙说时，而你却发出一些令人难受的声音，比如说打哈欠、玩弄手上的物品、收拾桌子等发出不合时宜的声音，肯定会使潜在客户感到你对他的讲话不感兴趣，导致谈话的中断，从而损害你们之间的友善关系。如果确实没有办法阻止你发出这样的声音，一定要确保对方听不到。

第五，要听话外之音。一些业务员听话很认真，甚至做记录，但他们往往只注意表面，而忽略了大量客户话外的意思。电话行销人员在听客户讲话时候要关注对方的语调、语气、节奏变化等。

第六，确认对方的讲话。为了理解客户的讲话，应该将这些讲话做出概括总结，这也是聆听的一个重要方面。它不仅表明你的确在认真地听对方说话，也为潜在客户提供了一个帮助你澄清可能的误解的机会。对于一些不能肯定的地方，你也可以通过直接提问的方式，来寻求得到客户的证明。

客户内心都有秆不公平的秤

客户内心的"成交"总是向着自己利益一方的，销售员明白这个道理，就要秉持永远以客户至上为第一原则，解决客户的困扰，永远以迅速、明确的速度为其服务，满足客户的需要，解决客户的要求。销售员要拥有丰富的销售知识，且能掌握市场动向，为客户提供精确的市场分析及产品占有率分析。

客户内心都有秆不公平的秤，面对销售员的游说，他们会在内心打个问号。销售员要做的，就是真诚地去开启客户的内心生活。跟客户不只限于生意上的往来，更能成为事业上的伙伴，生活中的朋友。

销售员能为客户提供长期优良的服务，让客户感受到你是真心喜欢他们的，他们内心的天平才会平衡。一流的推销员拥有积极的行动力，能让客户感染到他的朝气与活力。

客户对销售员的戒备心理

　　销售员要想揣测客户的内心，首先需要打消客户对你的戒备心理。当你想说服对方时，如果对方的态度变得十分慎重，就表示他对你产生了戒备心了。微步衡量，当你让客户感觉到舒服和有利益需要的时候，他也就开始慢慢接纳你了。

　　一般情况下，我们是不会对家人、朋友、同事存有戒备心的，可是对于初次见面的人，尤其是初次见面的销售员总归会有一些戒备心。这是由于客户尚未了解这个销售员，对他本人和他的产品都心存疑虑，所以才会对他怀有戒备心。一旦投机之后，客户的戒备心就会立即消失，也不会为你制造更多的销售障碍。他就会说："既然你这么说，那我就尽力试试看吧！"，在很自然的情况下接受了销售员的推销，这正是说服者本人比说服内容重要的有力证明。

　　初次拜访客户，你需要对客户微步衡量。当销售员想要说服客户时，往往会遭遇客户戒备心的阻碍，这种情形对于大部分销售员来说是不可避免的，即便是熟人之间也常会有这种情形。当他发现某个人怀有某个目的的时候，自然而然便会产生戒备心。这个时候，你仿佛是和一位戴着面具的客户说话，对方隔着一道面具，你无法看清他的表情，对他的态度不甚明了，因此你就无法采取良好的应对方法。

　　销售员在进行推销和说服之前，必须仔细观察客户的言行举止，判断他是否有戒备心，然后再有针对性地去接触客户。

　　通常来说，持有戒备心的人，不善于表露自己的心事，对自己的言行也不敢负责，所以打招呼或说话的态度都是冷冰冰的。可是在有些时候，他们的态度又会显得直截了当，实际上他并非是在轻视你，只是由于过于戒备，因此言语上给人的感觉是索然无味、敷衍了事。

你只需抓住对方的需求和利害点，就能够将对方的护盾击破。

　　销售员和客户谈话的时候，尽管一直很顺利也很投机，但也要提防由于戒备心而突发的情况。客户会突然改变态度，变得很亲切，而口气却严肃地答道："我知道，我知道，你要说的我都知道，回到公司后我会仔细再斟酌的。"结果销售员所期待的答复无疾而终，这就是对方在谈话的途中，将面具戴上的结果。神经质的客户所持有的戒备心也很强，为了掩饰自己的戒备心，他们的言语便会变得模棱两可。

　　于是在他们说话的时候，经常在一句完整的话中加入一些语意不明的词句，比如"话虽如此""无论如何他还是……""虽然……但是……"等，让销售员无法了解他的真正意思是什么。如果对方经常用这类词句，而且又一再重复，慎重选择每一个字句，说话速度变慢，这些现象都说明他的戒备心已到极点。一位从事贸易的外国销售员说，他在中国进行生意洽谈时，闭着眼睛聆听对方的口气，比透过翻译者传达的意思，更能了解对方的真正意思。因为我们的语言和英文不同，速度方面也有差别，当我国的负责人语气缓慢下来时，表示戒备心逐渐提升。

　　还有一种更令人困扰的情形就是，客户几乎不表示意见，无论你说什么，他只是回答："是的，你说得有理。"这种情形表示他正在找寻你存在的漏洞，或你所设置的陷阱。

　　但是也有人刚好与此相反，一再追问细节，这也是强烈戒备心的表现，他所问的问题大多和主题没什么关系，就像狗遇到自己不认识的动物时，会发出特殊的声音表示强烈的警觉是一样的。

　　销售员抱有戒备的态度，客户自然也会产生戒备心。以往的观念认为，被说服者是因为说服者的言辞内容才产生戒备心的，因此针对这项缺失发明了几种说服术，但是效果还是不佳，因为他们忽略了被说服者的戒备心是从说服者的身上所得来的，这和心理学上所说的"在说服场合中，戒备心是因人而起"的说法是一致的。

根据一项调查统计，让新进职员以 10 分为满分去评价上司，同时也以 10 分为满分，让上司评价自己的下属，用来了解双方的观感。结果两份实验报告显示，分数十分接近，这表示双方沟通的效果非常一致。

所以说，销售员为了突破客户的心理障碍，以便顺利进行说服，必须深入对方的深层心理，让对方对你产生好感，才是最重要的。

心怀戒备是人之常情，销售员不必为此而当作不可解决的难题而苦恼，只要用我们的热忱去感染客户，用优秀的产品去打动客户，销售员就会突破对方看似坚实的心理壁垒，将自己和产品完美地推销给客户。

客户更喜欢对价值的衡量

客户心里都有一杆对价值衡量的秤，包括从价格到质量、从价值到社会地位的匹配，全部衡量一番，才思忖是否购买你的产品。销售员要准确地把握客户这方面的心理特征，将最适合的产品推销给他们。

客户喜欢购买与自己社会地位相匹配的商品，那些看重交流和社会地位的客户事实上在买什么，他们购买的是交流的环境和体现社会地位和生活方式，即使是最内向的人也需要同伴，生活中的一些商品，就是为了他们而制造的。销售员要抓住这类客户，就是要为他们创造交流的平台，以及体现社会地位的生活方式，把最适合的产品推销给他们。

我们所销售的商品能为客户提供多少价值，需要你去认真衡量。而客户价值是可以量化的，计算方法一般有两种：一种是减法，将客户所获得的价值，扣除客户为购买此产品或服务的成本，比如，金钱、时间成本等，结果如是正数，则说明这项产品或服务提供了客户价值，不然就是无价值；另一种方法是除法，分子为回报，分母为成本，如果大于1，就表示这项产品或服务提供了客户价值，不然就是无价值。

　　杰克是个服装商人，有一次他向怀特律师推销几种西服。在杰克告诉怀特律师价格之前，怀特律师就说："我要这件和那件。"想了一会儿，怀特问："多少钱？"

　　当杰克说出了价格后，怀特律师就不再吭声了。看见怀特律师面红耳赤，杰克清楚，除非能赢得怀特律师的信任并能摆出理由让他相信，用比他以前所花的要多得多的钱来买这两套西服是个明智的选择，不然这次买卖又要完了。

　　突然，杰克看见窗外停车坪上怀特律师开来的新卡迪拉克，于是他装出一副很神秘的样子问道："怀特先生，我能问您一个问题吗？"

　　"当然可以。"怀特说道。

　　"您开的车是什么牌子的？"

　　"哦，卡迪拉克。"

　　"在您开它之前，您还开过什么车？"

　　"雪铁龙。"

　　"您记不记得，当您从雪铁龙换到卡迪拉克时对价钱是不是也很关心呢？"

　　"我明白了。"怀特很快就轻松了起来，痛快地买下了这两套西服。

　　杰克的销售获得成功关键在于他说服了客户去购买与他期望的社会地位相匹配的西服，看重交流和社会地位的客户最终的决定是那些貌似很贵的商品。

这一类的客户在进行消费选择和购物选择时，注重考虑所选择的方式是否适合自己的社会地位和社会交流的需要。只有他们认为自己所进行的消费和购物符合他们的社会地位并便于开展社交时，他们才会感到愉快，并且以后还会进行重复消费。

星巴克的创造人霍华德准备创业却苦于找不到好的项目，但他看到，城镇里的广场不见了，取而代之的是众多的大商场和涌进城来不善言辞的外乡人。他从第一手资料中了解到，在西雅图以及美国所有的城市中心里，人们几乎都来自不同的地方。

除了这个巨大的变化，霍华德还看到有两种场景不断出现。其中一个经典的场景出现在巴黎和米兰：巴黎人和米兰人坐在街边的桌子旁，边吃边喝边聊天。即便天气凉了，巴黎的人们也会裹紧衣服，站在风中长时间地等待街边空出一张桌子。这个时候，只有巴黎的服务员——或许是世界上最娇小的女性，才能够在他们中间穿梭。

他们这么做是因为天气和新鲜的空气吗？

那只是一部分原因。在街边闲坐的一个更深层次的原因在于人们乐于交流的天性。坐在桌边，你看到的不仅是其他的进餐者，还可以看到成千上万的行人。于是你对社会和你的生活有了更清晰的了解。

霍华德明白这个道理，他又想起了另外一个场景："二战"后兴起的手鼓咖啡屋。

那些地方早就不存在了（可能只存在于诗歌当中）。但在 20 世纪 50 年代中期到 60 年代早期，这些地方则是美国的标志。留着山羊胡子的人们敲打着手鼓，吟诵自由体的诗歌，而听众则会坐在那里慢慢地呷着黑豆汤一般的咖啡。

手鼓咖啡屋和欧洲的咖啡馆满足着人们同样的需要，只不过美国的街边咖啡馆不多——恶劣的天气、条块分割的行政区域，以及卫生法令都抑制着它们的发展。但是有不少餐馆都临街营业，比如，曼哈顿东北部和圣迭戈煤油灯街的那些餐馆。它们的兴旺说明人们的要求不只限于吃一顿饭。

于是霍华德填补了这个空白。他把街边咖啡馆和手鼓咖啡屋合为一处，创建了星巴克。你能看到星巴克带动了多少个街边咖啡馆的兴起，比如，俄勒州波特兰的拓荒者广场咖啡屋，这个咖啡屋坐落街边，类似菲利浦·约翰逊的"玻璃房子"，通体都是由玻璃制成。

不过，要想赚钱，他还面临着下一个困难。每杯咖啡都包含了好多人工，如果只定价1.5美元，那他怎么能赚到钱呢？

这个问题的答案是你不能只要1.5美元，价钱应该翻上不止一倍。

每杯咖啡3.75美元怎么样？

怎么能这么高？

你要认清两个原则：

第一，你的服务不应只包含有价物品的交换。你必须要在服务中追加更多的东西——热情、交流、友谊、休闲、地位以及霍华德所创建的环境。人们会为了交流而花钱。

第二，星巴克强调社会地位的重要。美国人常常会把自己的社会地位和某些物品联系在一起，从赫米斯领带到大众汽车无不如此。社会科学家管这叫"社会地位的象征"，谁都能花一元钱买上一杯"乔牌"咖啡，但是谁能随随便便地花3.75美元？

有人能，因为咖啡已经变成了"社会地位的象征"。

"我是与众不同的。"星巴克的顾客花钱奢侈的时候会这么想——霍华德也知道他们会这样想。在这个日益复杂和拥挤的世界里，星巴克的杯子推销的可不只是一杯咖啡，它还在推销星巴克的主顾。

普通的咖啡却变为"社会地位的象征"，星巴克的成功取决于准确地洞悉了这一类客户的诉求，因为在这里，客户交流和地位的需要同时得到了满足。霍华德把他的咖啡馆定位在了这个地方，然后他就成功了。

社会在发生日新月异的变化，这种变化也为销售员创造了机遇。新经济中的企业开始寻找各种途径为自己的客户创造一个新的环境，增进与客户的交往会使他们与你紧密相连。增进与客户的交往，拓宽他们的交际视野，也为你成功的销售铺平了道路。

很多客户喜欢你的赠品

"聪明的男人先让女人占尽小便宜，然后赢得了女人的心。"这句俏皮话在众多销售员身上得到尽情的发挥。我们也不妨拿来参考，先让客户占尽小便宜，然后赢得客户的心。种种"赠品"都可以让客户感到喜悦，最终促成你们的成交。

现在市场竞争中，赠品促销非常多，由赠品促成的销售也额外多。客户得到赠品都觉得是理所当然了，假如没有得到好处，客户就不会那么爽朗地与你签约。生活中，我们常见电脑店的店主不是直接搞赠品促销，而是故意摆放很多的小物件，让客户联想到店主也许会因为做了生意而送给他某样东西。在客户提出要求的时候，才把东西送给客户。此时，因为要求是客户主动提出来的，所以得到店主的慷慨应承，客户会有一种成就感，得到好处的感受油然而生了。

多数人都有贪小便宜的心理，赠品就是利用人类的这种心理进行推销。很少人会拒绝免费的东西。销售员用赠品做敲门砖，既新鲜又实用。

很多客户都喜欢你的赠品，但销售员送赠品的目的是什么？当然是要借助送赠品来吸引客户购买产品。因此，销售员拿什么赠品来吸引顾客，关键就要看赠品对消费者是否具有足够大的吸引力。

就赠品的价值而言，既不能过大，也不能过小。过大就会让成本增加，得不偿失；过小则不能吸引消费者。就赠品的种类而言，要尽量选择时下流行的时尚赠品。就赠品的形式而言，可以是一种产品，抑或是某项服务，抑或是一件具有纪念意义的礼物。

在一次大型玩具展销会上，一家玩具公司的展位非常偏僻，参观者寥寥无几。公司负责人急中生智，在第二天他就在展会入口处扔下了一些别致的名片，在名片的背面写着"持此名片可以在本公司展位上领取玩具一个"。结果，展位被包围得水泄不通，并且这种情况一直持续到展销会结束，当然迅速带来的人气也为这家公司带来了不少生意。

很多人都喜欢你的赠品，尤其是玩具。这家公司之所以取得了商业上的巨大成功，原因就在于它抓住了人们都只关心自己利益的心理，以对客户小的恩惠而为公司带来了巨大的利益。

赠品体现了客户重视自我的心理，这里面包含两层含义：一层是自己对自己的关心和保护，另一层是希望得到别人的关心和重视。而在消费过程中，客户也具有这样的心理，客户会特别注重商品对于自身的价值，同时也希望得到销售人员对自己的关心和重视，如果有赠品，而且产品本身也不错，销售人员又对自己表现了足够的重视，那么客户就会很高兴地购买其产品。

一些小儿科的名医，他们除了医术好以外，还必须懂得与小朋友沟通。要能进行有效的沟通，他们第一步是要赢得小朋友的好感。如何迅速地获得小朋友的好感呢？几乎大多数的医生都准备着许多送给看病小朋友的新奇贴纸，如此一来，医生叔叔已不再是打针的叔叔而是送贴纸的叔叔了。

博得了小孩子的好感，打针就不会那么艰难。同样，赠品融洽了客户的关系，成交也会变得顺其自然。日本人最懂得赠送小礼物的奥妙，大多数公司都会费尽心机地制作一些小礼物，供销售人员初次拜访客户时赠送客户。小赠品的价值不高，却能发挥很大的效力，不管拿到赠品的客户喜欢与否，相信每个人受到别人尊重时，内心的好感必然会油然而生。多种形式的赠品能让你的潜在客户对你立即产生好感。如果销售员能把这些方法当作自己立身处事的方式，让它成为一种自然的习惯，相信你在哪里都会成为一位受欢迎的人物。

让客户产生好感的方法，是基于三个出发点，即尊重、体谅、使别人快乐。你只要能往这三个方面思考，相信你能够发现更多让别人对你产生好感的途径。

赠品同样是销售员与客户进入销售主题的技巧。当我们见到客户并透过技巧成功地接近他，化解客户初次见面的提防及取得客户对你的基本认同之后，你就可以抓住时机，进入销售的主题。

戈德曼博士被誉为是当代世界最富权威的推销家，他强调，在面对面的推销中，说好第一句话是十分重要的。而为了说好第一句话，首先赠送赠品也是获得好感的方法。客户倾听开始的一句话时要比听后面的话认真得多。听完第一句话，许多顾客就自觉不自觉地决定是尽快打发推销员走还是继续谈下去。因此，利用赠品尽快抓住顾客的注意力，才能保证拜访销售的顺利进行。

也许有人会说，有的客户光要赠品而不真正购买产品，这可怎么办呢？其实这种客户最大的特点就是买个东西一会儿嫌这个贵，一会儿嫌那个贵，还特别爱杀价。针对这类顾客，最佳的做法是跟他套交情。

他一进门时你就热情地招呼上去，真情地赞美，并且要不失时机地提醒他占到了便宜。例如，说送饮料时，可特别告诉他"别人只有七分满，你却倒了九分满"。很多销售员都不太喜欢这种小气的顾客。通常的做法是，为了避免给客户贪得无厌的情况，干脆什么好处都不给他，但这种做法却很容易得罪他们。最好的方法是，一开始就满足他，让他觉得自己占尽了便宜得到了好处，这样签单付账的时候他就会痛快些了。

销售员选择赠品可以是各种不同的东西，可以是与销售的目标产品一样的产品，也可以是一种标准或特殊产品；可以是一件具有纪念意义的礼物，也可以是一种极具实用价值的生活用品；可以是自己的品牌，也可以是其他品牌……也就是说，只要适合你的促销目标的东西，都是你赠品促销物的选择范围。

少花钱是客户的终极目标

人人都有求廉的心理，相同的产品只要你比其他地方便宜，人们就会争相购买。少花钱办大事是很多人的梦想，销售员可以利用这一特点为自己的成功开辟道路。只要应用得当，会让你的销售业绩节节攀高。

少花钱办大事反映了人们的求廉心理。所谓"求廉心理"，就是以追求商品价格低廉为主要特点。这类客户购买商品时最注重的就是价格，少花钱买到高价值的东西，或者对款式、品牌等不太计较，喜欢购买折价及优惠价商品。

每个人都想购买物美价廉的商品，这是人的本性决定的。求廉心理在消费者去购物场所购买产品时表现得较为突出，在销售中表现得尤为突出。这主要是因为销售员进行推销就给客户一个廉价的信号。这种产品无须做广告,不用进超市或商场,所以各种费用自然也就节省下来,除了人力成本费用以外,推销产品的额外费用是相当低的,而且这种产品大多是从厂家直接提货,节省了中间商的层层利润,直接走向终端,价格自然就降下来。

销售员应当如何利用求廉心理销售产品呢?利益是销售陈述的重点。销售员要确保解决方案和产品利益要与客户需求之间的精确匹配,客户不会理解那些他们不清楚的特性,也不会重视那些与他们的实际需求无关的利益。再者就是向客户介绍不超过三个最重要的且能满足客户需求的优点和利益点,以最大化的利益诉求去打动客户。

小谢所任职的家用打字机商行生意不错,从早上开门到现在已经卖出去好几台了,当然小谢的功劳是很大的。此时又有一位顾客来询问家用打字机的性能。他介绍道:"新投放市场的这类机型的家用打字机采用电动控制装置,操作时按键非常轻巧,自动换行跳位,打字效率比从前提高了15%。"

他说到这里略加停顿,静观顾客反应。当小谢发现顾客目光和表情已开始注视家用打字机时,他觉得进攻的途径已经找到了,可以按上述路子继续谈下去,而此时的论说重点在于把家用打字机的好处与顾客的切身利益挂钩。

于是,他紧接着说:"这种家用打字机不仅速度快,可以节约您的宝贵时间,而且售价比同类产品还略低一点!"

他再一次打住话题,专心注意对方的表情和反应。正在倾听的顾客显然受到这番介绍的触动,心里可能正在思量:"既然价格便宜又可以提高工作效率,那它准是个好东西。"

就在这时,小谢又发起了新一轮攻势,此番他逼得更紧更近了。他用聊天拉家常的口吻对顾客讲道："先生看上去可是个大忙人吧，有了这台家用打字机就像找到了一位好帮手，您再也不用担心时间不够了，这下您就有时间跟太太常伴在一起了。"小谢一席话说得对方眉开眼笑，开心不已。小谢一步步逼近顾客的切身利益，抓住对方关心的焦点问题，成功地敲开了顾客的心扉，一笔生意自然告成。

从这个案例中，少花钱而且得到了实惠，最终让客户满意而归。我们可以看出，确保销售员所介绍的产品可以为顾客带来他需要的利益是一种销售技能，也是深入获得顾客信任的一个有效方法。故事中的家用打字机推销员小谢，就是利用少花钱的利益陈述法实现成交的。

在开始时他只是简单、准确地介绍了家用打字机的优点，接下来仔细观察顾客的反应，这是一种试探性的观察，目的在于寻找进攻的突破口，只有善于察言观色的推销员才能做到这一点。当发现顾客已开始对家用打字机发生兴趣时，他才进一步谈下去，针对顾客的需求，把家用打字机的好处与顾客的切身利益挂钩，深入到顾客的内心，让顾客觉得如遇知音。这个过程需要销售人员对自己的产品非常熟悉，且有很强的逻辑思考能力。

促成销售，利益陈述是销售员需要掌握的技能之一。所有的产品都有其独具的特征，是其他竞争对手的产品无法比拟的，但是怎样用利益陈述法让顾客印象深刻才是关键。在特征、优点以及利益的陈述方法中，只有利益陈述法是需要通过双向沟通来建立的。

在与客户双向沟通的时候，我们常说，话不投机半句多。假如销售员也出现这种情况的话，接下来的局面就很难应对。因此在与顾客交流的时候，一定不要耍嘴皮子，要把话说到客户的心坎儿上。但如何才能把话说到对方心坎儿上呢？那就是说客户想听的话。客户想听什么话呢？客户想听他感兴趣并且对他有好处的话。那么哪些话、怎样说客户才想听呢？以下几个建议或许对你有用：

一、怎么样节约开支

处在这样一个微利时代，节约开支就等于获得利润，这几乎已经成了大家的一个共识。如果你对客户说："假如让我告诉您，您若使用这款节能产品明年可能会节省原来20％的开支，您一定感兴趣，对吗？"那么你们之间的距离就会迅速拉近了。

二、怎么样节约时间

时间就是生命，大多数人都沉沦于忙碌之中痛苦不堪。如果谁跟客户说："我们这款按摩保健产品，让你每天安心睡到天亮。"那客户就会对你的产品兴趣大增。

客户普遍存在少花钱的求利心理，这是一种"少花钱多办事"的心理动机，它的核心是"廉价"。有求利心理的顾客在选购商品时，常常要对同类商品之间的价格差异进行认真的比较，还喜欢选购打折或处理商品。具有这种心理动机的人以经济收入较低者为多；当然，也有经济收入较高而勤俭节约的人，精打细算，尽量少花钱。有些希望从购买商品中得到较多利益的顾客，对商品的花色、质量很满意，爱不释手，但因为价格较贵，一时下不了购买的决心，就会讨价还价。

客户会要求产品的完美性

一些人认为，我们卖的是产品，要想让客户购买产品，就要向客户讲自己的产品多么好。这是销售中最大的谬误。多数客户在乎的并不是价格，而是产品的价值感。换言之，客户花了多少钱来消费不是最重要的，最重要的是客户花的钱值不值的问题，他们会要求产品的完美性。

销售员一条基本的销售准则是，不要向客户讲你的产品多么好，而要讲你的好产品带给客户的好处有多大。销售的目的不只是为了将产品卖出去，更重要的是让客户从购买行为中获得价值感，就是说要让客户对自己购买的产品感到满意，感觉自己的购买抉择是明智之举。

一句俗语这样说："买的没有卖的精。"可是对于销售员来说，最好还是把这一事实蒙上一层面纱，如此，消费者才会对自己购买的产品感到满意，才会感觉自己的购买抉择是明智之举，才会从自己的购买行为中获得价值感。这对销售有什么好处呢？好处就在于把一次性客户转变成回头客。

客户喜欢产品的完美性，他们希望从购买中获得价值感。尽管客户购买的也不是最好的产品，但他们在乎的是产品带给自己的好处有多大。产品带给客户的好处越多，客户越愿意花高价来购买。

戈尔茨年轻时离开以色列移民到美国，不久便与一位住在亚特兰大市的女子结了婚。后来他们开始做生意，创建了变色龙油漆公司。公司刚刚研制出一种新型油漆，特点是色泽柔和、不易剥落、防水性能好、不褪色等。尽管广告费用了不少，但效果不大。戈尔茨决定以市内最大的英骄莱弗家具公司为突破口打开销路。

一天，戈尔茨直接来到英骄莱弗家具公司，找到总经理斯坦纳，对他说："斯坦纳先生，听说贵公司的家具质量特别好，专程来拜访您一下。久闻您的大名，您又是本市杰出企业家之一，在这么短的时间，您就取得了让人羡慕的辉煌成就，让人不得不钦佩！"

听到这些话，斯坦纳感到很高兴，就向他介绍本公司的产品以及它们的特点，并在交谈中谈到他怎么从一个贩卖家具的小贩走向生产家具的大公司的历程，还领戈尔茨参观了他的工厂。在上漆车间里，斯坦纳拉出几件家具，向戈尔茨炫耀那是他亲自上的漆。戈尔茨顺手将饮料倒了一点在家具上，又用一把螺丝刀轻轻敲打。斯坦纳很快制止了他的行为，还没等斯坦纳开口，戈尔茨说话了："这些家具造型、样式是最棒的，但这漆的色泽不柔和，防水性不好，并且容易脱落，影响了家具的质量，您说对吗？"

斯坦纳觉得他的话很有道理，并提到，听说变色龙油漆公司推出一种新型油漆，因为不了解而没有订购。戈尔茨从包里拿出了一块木板，6个面都涂上了漆，只见它泡在一个方形的瓶子里，还有另外几块上着各种颜色漆的木板。戈尔茨声称，那块在水中浸泡的木板，已经浸了一小时，但木板并没有膨胀，说明漆的防水性好，用工具敲打，漆没有脱落，放到火上烤，漆没有褪色。于是英骄莱弗公司很快就成了变色龙公司的大客户，双方都有利益可图。

销售的过程中，对某个东西精益求精，追求完美性会让客户对你刮目相看。客户都在乎产品利益，他们会问自己：我为什么要买这个产品。销售员必须要让客户明白，他们能从产品中得到什么利益，产品能够满足自己什么需要，能够帮助自己解决什么问题。聪明的销售员，总能从令人意想不到的角度，向客户推销产品的优点。

然而，许多销售员常犯的错误是特征推销。即他们向客户讲的都是产品的材料、质量、特性，介绍产品是怎样制成的，它的内部结构，外部特征，它们是如何综合起来的，等等。再好的产品，对客户没有用处，在客户看来就是垃圾。

销售员向客户展示产品的完美性要抓住要点，不然就会出现徒劳无功的情况。很多企业在产品研发、生产、市场前景分析等方面都是无懈可击的，正因如此，销售员就想把产品的所有优势都介绍给消费者，恨不得带他们亲自参观产品从研发到生产出来的整个过程，结果越说越复杂，不但抓不住产品的核心优势，还让客户觉得有欺骗的嫌疑。所以销售高手们都认为：工艺再复杂的产品也会有一个突出的特点，再完美的产品也会有一个较其他产品而言更核心的优势。这里所说的"核心优势"不单单是产品本身必须的优势，还是在必须的优势之外更独特的优势。比如说洗洁精必须得把碗碟洗得干净，这是它一个本质的优势，但是某品牌洗洁精有一个独特的优势，那就是"不伤手、无残留"，这就是该洗洁精的卖点。

展示产品的完美性，用最精炼、最吸引人的话语将其表达出来。每一个销售员都应该是自己的产品的营销大师，把自己的产品了解透之后，就能把营销简单化，就能出奇制胜。

售后服务好，自然吸引客户的注意

要想留住回头客，开发新客户，售后服务不可或缺。如今的售后服务是在建立一种和谐的人际关系。客户还没有买你的东西之前，你用这些原则，是在促进顾客更相信你的产品，更相信你。而买过产品的客户，你也要让他更进一步地跟你维持一种更信赖的关系。

对于销售员来说，售后服务看似跟自己关联不大，其实与自己的关系十分紧密。售后服务，无论是现实生活中，还是网络生活中都是非常重要的。它是产品获得客户信赖度的一项重要措施。也是增强商品竞争能力的一个重要的方法。

好的售后服务会给客户非常好的购物体验。特别是对于那些第一次与某个销售员打交道的客户。好的售后服务会使这些客户成为你的回头客。以后会经常购买你所销售的商品。纵观世界知名的大品牌，都有独自的售后服务方法。销售员的重心不能只停在销售技巧上，还要在改善售后服务上下工夫。

"交叉推销"是售后服务带给销售员的福利。所谓"交叉推销"，就是在客户为售后服务而来的时候趁机向他推销别的产品类别。有这种意识的企业在售后服务方面的主要目标是销售收入。为了这些新增的销售收入，他们不仅要为售后服务支付成本，而且愿意为了更加了解消费者、为了培训售后服务人员而增加投资。多数企业是从战略的高度看待售后服务这件"小事"和"烦心事"的。尽管潜在客户越来越善于拒绝，但是训练有素的销售员从售后服务中成交的订单还是有很多的。

借售后服务的契机成功推销当然是一件好事，但是如果新增的销售收入不能抵消提供售后服务所需要的成本，那么企业还是不得不承担一定的损失的。因此，企业就得把所售出的产品需要售后服务的概率降低，这样才能根本解决售后服务的成本问题。这里就有一个韩国现代汽车在美国的故事：

韩国汽车在美国享有"低价格、低质量"的名声，为了让美国消费者放心购买现代车，他们不得不在售后服务方面做文章，别的汽车只提供5万英里的免费维修，而现代车就不得不提供10万英里的免费维修。这样一来，现代公司虽说汽车销量节节攀升，但是服务成本也一路飙升，真的有些不堪重负，好在后来上台的CEO曾经是该公司售后服务部门的主管，几年下来对于现代车容易出问题、引起消费者不满的地方了如指掌，他凭着这份经验和知识领导设计和制造部门对现代车进行许多有的放矢的改进，使现代车所需要的维修率大大降低，甚至低于同类型其他牌子的车，这样现代车那"十万英里免费维修"的承诺所带来的就只是品牌的竞争力，而不是企业的负担了。

　　将售后服务转化为销售的竞争力，无疑是个高明的手段。销售员一样重视老客户的反馈和意见，同样能为发掘新客户贡献力量。网络销售中，售后服务也被许多人所重视。开店的商家针对自己的商品制定合理的退货政策。例如，卖食品的网店，如果产品量有问题，食品厂家肯定会退换；如出现买家收到的食品是漏气的、胀气的，卖家就可以承诺退换货。对于这些退换货的优势可以详细写到商品描述里。这样的举措对销售无疑是一种有力的推动。

　　售后服务好是促使客户购买产品的一种因素，利用曾经买过我们的产品的人，或使用过我们产品的人，用他们的一些见证，口口相传，告诉我们的客户，这也是影响客户购买决定的一种方法。当然你必须要取得一份现有客户的名单，他们用了我们的产品以后，询问他们的感觉，然后对你的新客户作出示范。

　　古人都知道"水能载舟，亦能覆舟"的道理，我们没理由不重视客户的口碑效应，也许一个小小的售后服务失败案例不足以摧毁你的品牌，但也是绝对不容忽视的。积少成多，须时刻铭记于心！售后服务是把双刃剑，赢得了客户的心，你就赢得销售的胜利！

爱占小便宜就是客户的共同心理

　　销售员要有"利他"的思考方式，就会增加成交的机会。这就是说抓住那些爱占小便宜客户的心理，让自己的销售方式变得灵活起来，不但满足了客户的购买欲，也让自己的销售风生水起。

　　有人说："'钱从客户口袋到销售人员口袋'这一段距离是世界上最长的距离"，这句话形容得很贴切。钱在客户的口袋中，只要客户不掏钱出来，我们就永远得不到，所以如何缩短这一段距离是至关重要的。所以，销售员要积极研究客户的心理，让销售成交不再遥远。

与客户的沟通以及相处中随时以"利他"的思考方式去进行思考，怎么样去帮助客户，怎么样才能让客户处在最佳利益的状态，怎么样才能让客户觉得贴心，才会帮客户解决困扰，才会让客户喜欢买你推销的产品，才会让客户将你视为朋友，而不是在客户的眼中总是一个想把产品卖给他的销售人员而已。"利他"的思考方式可以让我们跟客户站在同一阵线去解决问题，你是他的最佳战友，你也可以让一些小利益小便宜给你的客户。

适当地给客户一些小便宜，是促成你销售的润滑剂。爱占小便宜几乎可以算得上是人性的一个特点，每个人都希望吃到一次"不要钱的午餐"。在很多情形下，对想得到一点优惠，占点小便宜的心理进行深度透析，你会发现爱占小便宜这种心理有时更多的不是功利上的考虑，而是为人那占到"小便宜"后愉悦轻快的好心情。

在平时的经营中，小王经常利用顾客爱占便宜的心理推销产品。以前买玩具或者闹钟，一般定价都很低，配电池再另外算钱。算起来的利润并不高，可是很多顾客对此并不买账："老板，人家买闹钟都是免费送电池的。""老板，买玩具还要自己买电池啊？""不好意思，您也看到电池都是刚才我自己安上去的，厂家并没有配送……"可是，不管小王怎样解释，都不能令顾客满意。有的顾客不能接受自己掏钱买电池，愤愤离开。为了留住顾客，小王不得不再忍痛让利。后来，小王抓住顾客爱占便宜的心理，把零售价适当调高，电池作为赠品免费送给顾客，在保证了小王的利润的同时，顾客几乎都能满意而去。

只是换了种方式，顾客就以为捡到了便宜，高高兴兴地购买了小王的产品离开了。在和客户的谈判中赠送一些小礼物，几乎可以在任何问题上帮助你获胜。当客户占到了便宜，心情愉悦的时候，你的销售已经差不多完成了。通过这种方法，让客户依赖你、喜欢你、接受你，当客户对你产生依赖性，喜欢或接受你这个人的时候，自然也会比较容易接受和喜欢你的产品。

这种客户多数是精打细算、爱占一些小便宜、小气短视且不知足，但精明能干。通常对付此种客户可先给予小礼物，且事先提高一些价格，让顾客有讨价还价的余地。这样的客户如何去辨别和应对，全要靠业务人员的观察力、判断力及经验去巧妙运用。

有一家卖电脑的商店，店里面除了电脑以外还陈列着各种各样的物品：有靠枕等各种小件家居用品，有咸蛋超人等各种儿童玩具，还有很多小工艺品、软件等，非常之多，使得店里面都显得拥挤杂乱，但这个店的生意却非常好。

当客户来购买电脑的时候，经过一番谈判，客户累了坐下来喝杯茶，会发现这里的茶味道非常好。等终于谈定了生意，顾客要走的时候，忍不住问店主用的是什么茶叶，这时店主就会送给客户一包茶叶。顾客意外地得到店主的馈赠，心里当然特别的高兴。其实，店主早已经买好了很多茶叶存在店里。如果客户是带了孩子一起来的，那会引起孩子兴趣的东西就更多了，店主到时候可以送的东西也就更多了。但是，店主并不会主动送东西给客户，而是等着客户看中了店里的某一样东西提出要求时，店主才非常"慷慨"地送给客户。

实际上，不少客户在购买了电脑之后都会因为奇怪店里面为什么摆放着那么多东西而问店主，是不是可以送点什么给他。因为感觉自己和店主做了宗大生意，总是有点什么东西赠送的啊。店主正是利用人们这一种想占小便宜回去的心理，故意不说出是赠品，而在客户提出要求后装作是"慷慨"地送给客户。在这种情况下，客户反而觉得是自己占到了便宜。

值得一提的是，例行的公开可占的小便宜已经不能让客户感到欣喜。实际上，有些特色优惠，有些特色服务，销售员尽管已有准备，但却大可不必公开，等客户开口提出要求以后再慷慨应承，这样效果反而更明显。毕竟有几分小小的意外，才能收获那分占到"小便宜"后小小的窃喜。深度了解你的客户心态，你才能认识到他们的可爱之处，才能体会到销售艺术的巧妙所在。

"天下没有免费的午餐"，可是几乎每个人都希望吃到"免费的午餐"，而销售员也正好能够让顾客适当占点"小便宜"，吃到"免费的午餐"，用"小便宜"这点小利换来大客户。优惠打折，免费送货，赠品……种种"小便宜"都可以让客户感到喜悦，让客户满意而归，成为我们的回头客。

从众心理，客户的致命弱点

先给大家说一个在零售商场购物的场景——

一位客户在柜台旁看商品，营业员热情地跑过来问："先生要买什么，我可以帮你。"结果客户说："我随便看看。"，然后离开了柜台。一会儿柜台又来了一群人来买，大家叽叽喳喳地询问营业员。过不了一会儿就有一人掏钱买下了一个，于是其他人纷纷准备购买。这时候，先前的客户又出现了。他在旁边认真地听着，看着，还拿起了商品反复看。结果他说："喂，给我也拿一件！"

这是实际发生在每一个柜台上的故事，是你、我、他都可能存有一种购物时的习惯，那就是从众心理。

你在挑选商品的时候是不是也有这样的从众心理呢？你在购买时所关注的是商品的什么呢？价格？信誉？还是对商品的了解和熟悉度？不敢下单，或者是觉得门槛太高？还是缺少示范，没人在你前面购买这样的商品？

买家看到的"很多人"是如何"看"的呢？在网络这样的一个虚拟的购物环境中，客户看到的就是商品的销售量、浏览量，以及客户对商品的评价。还有最新商品促销通知等，都能为用户营造这种"绝不仅有你一个人在购物"的环境。营造"有人"而且"人很多"的氛围告诉客户，买这件商品的客户并不仅只有你，你购买这件商品是很合情合理合群的行为。在你之前，很多人已经购买了这些商品，在你之后还会有很多人继续来买。不用担心，勇敢地按下"确认"键。

这就是我们的从众心理，每个人都有，无可避免的。再看一个例子：

一女士打算去商场买衣服，经过商场门前的广场时，发现一群妇女围着一个人在抢什么东西。这位女士开始并不在意，等她走近一看，原来有一小商贩正在叫卖女士夏天穿的丝袜，10元钱3双，小商贩说是因厂家出口超过订单的部分要赶快变成现金冲抵成本才如此廉价的。不买的话，"错过这一村就没有那一店了"。这位女士原计划是去买衣服的，结果看见好多女性都蜂拥而来去抢购，结果也忍不住自己的从众心理去买了一大堆丝袜回家。

且不说那丝袜的来历是不是小商贩说的原因，也不说丝袜质量好坏。单就从这位女性从不想买到想买的过程，就是典型的购买行为中的从众心理使然。

"从众心理"其实是一种客户购买过程的心理活动，通俗地解释就是"人云亦云""随大流"；大家都这么认为，我也就这么认为；大家都这么做，我也就跟着这么做。商家如果能有效地掌握或调动客户购买行为中的从众心理，肯定有助于产品的销售。

当然，"从众心理"也具有正反两个方面的结果：消极的一面是抑制客户个性、束缚思维、扼杀创造力，使人变得无主见和墨守成规，这也是商家希望看到的；但也有积极的一面，即有助于客户学习他人的智慧经验，扩大视野，克服固执己见、盲目自信，修正自己的思维方式、减少不必要的烦恼和误会等。所以买卖双方无时无刻不在暗里明里"博弈"。

其实掌握客户的心理，比起其他条件如产品的价格、特色等，在营销上反而更有决定性。因为一切购买行为，到最后都是取决于客户当时的心理导向。古语云："攻心为上，攻城为下"，如今"心战为上，兵战为下"已成为营销战争的秘籍。"攻心为上"对营销来说关键就在于抓住客户的心。

我们通常会发现这样一种现象，客户不论是买东西或是吃饭，都喜欢往人多的地方去。如哪家商场的人多，那么将会有越来越多的消费者挤进去；哪家大排档生意好，即使没有空位，客户也愿意花时间去等，而不愿意离开。商店也是如此。如果客户发现哪家商店的人多，都会不由自主地走进去逛一逛、看一看是不是有什么力度大的促销活动。即使附近的一家商店没什么人，也少有消费者会主动进去看看。这也就是所谓的从众心理。有从众心理的客户，有些并不是有急切的需要，而是为了凑热闹，看是否能得到实惠进行消费，以求得心理上的满足。面对客户的从众心理，营业员可运用专业、时尚、口碑、热销的促销语言趁热打铁，促成交易。

客户接受营业员推荐的时候不敢做决定,营业员告诉客户谁谁在使用,尤其是他认识的朋友也在用,客户就会放心地购买。为什么做广告都要找明星找有影响力的人物?因为他们可以影响消费者的消费行为,人们看到著名人物的广告就会顺应大众的心理,营造一种"你想我在使用,我想你也在用,大家想大家都在用"的共同想法,正是"大家想大家都在用"的心理,广告就发挥了巨大的作用,广告就是利用人的从众心理产生效果的。绝大多数的客户对新品牌存在顾虑,在客户不能下决定的时候让他看看他周围的人都在使用,尤其是客户认识的人产生的效果会更好,这样的方式可以打消客户的疑虑,让客户放心。

性价比,客户的根本尺度

大家在购买过程中或多或少都听商家说过,这商品品质好、性价比高。所以,许多客户都把性价比看成是选购商品的重要指标。

所谓"性价比",顾名思义,即性能与价格的比值。老百姓购物,经常是货比三家,图的就是个物美价廉。随着经济的发展和人们生活水平的日益提高,在这个充满竞争的市场上,客户消费权衡的是商品在给自己带来价值的时候有尽量低的价格,也就是以较低的价格去买质量比较好的商品。

面对着越来越理性的消费者,有些商家发现,尽管"大礼"比往年多了好几重,但似乎打动不了消费者的"芳心",而一些在价格上大做文章的商品促销却立马见效。不少商家表示,消费者看重的是商品性价比,而不是看你送了多少礼。任何形式的促销活动都脱离不了价格因素,客户一般是先看好价格,再看其他形式的优惠。另一方面,消费者的口味变化又让一些商家绷紧了神经。现在客户要求的东西越来越多元化，商品的搭配也更自主，厂家原来的搭配方式很难满足客户的要求。比如选择家具过程中，很多客户都是自己 DIY，这种个性化的需求趋势越来越明显，商家搞活动促销，可以在这个方向多花点心思。

每个卖场都在进行活动，每个卖场也都把营销活动作为吸引客户的主要手段。并且，每个客户的消费倾向也都被卖场的营销活动所影响。说白了，就是谁能够提供更多的优惠，客户就在哪里消费。

"超低价""捡便宜""买二赠一""超值换购"……这些是大家在大卖场经常见到的促销信息。而到底哪个活动能够得到客户的青睐，或者说能够最大限度地刺激客户产生购买行为，这就需要我们有的放矢地来对待了。例如，在冬天临近的时候，对凉席进行包装促销，其收获的效果一般会低于所投入的促销成本。简单地讲，就是要促销客户需求的东西，包装大多客户"想购买"的东西。

作为一名销售人员，你还是只记得在卖，没有总结自己产品的性价比吗？不行，不仅是总结而且要总结得很在行、很地道、很实在。要把自己产品的性价比记在心里，背得很熟，可以巧妙地分析给客户听。

例如在竞争激烈的车市中，车型最有力的竞争武器还是汽车的性能、售后服务等。随着市场的日渐成熟，人们消费观念的理性回归，以核心技术为衡量准则的性价比将会成为车市中的主流，而建立在华而不实的配置和自我吹捧基础上的轿车，将会越来越无缘消费者的订单。

不难看出，面对五花八门的车型，如何选择一款性价比较高的汽车，正成为消费者最关心的问题。

　　苏先生是一家广告公司的经理，由于业务发展需要，想买一辆大气的车，但由于公司创业不久，资金不是特别充裕，只有 10 万元左右的购车预算。苏先生让朋友帮忙参考，如何既满足要求，又不占用太多的资金即可买一辆称心的车。朋友通过多方面比较，最后建议他买稳重、大气的比亚迪 F6。开了两个月后，苏先生很满意，觉得很符合要求。

　　从苏先生的案例不难发现，随着中国汽车市场的逐步成熟，汽车行业的竞争将由价格竞争转向整车性能价格比的竞争。从近两年的市场表现来看，持续性降价，并未给哪种车型带来理想的效果，相反，由于车型推出过多，价格下降过快，消费者购车渐趋理性，不再一味地追求低价，更注重汽车性价比、汽车的使用成本和汽车质量的稳定性。

　　一位代理某品牌的汽车经销商说："代理销售汽车，也要选择性价比适合当地消费者需求的车型。因为目前过于频繁的新车推出潮和降价潮，不少车型已经湮没其中，消费者真正记得住的，还是那些性价比高和口碑好的车型。"

　　经销商的话充分表明，汽车性价比时代即将来临。面对日趋理性的消费者，汽车生产企业也逐渐从价格战和只重视品牌建设中"清醒"过来。一位汽车销售的负责人说，从长远来讲，降价不是未来车市最有效的竞争途径。对于汽车工业，一味地降价会使其陷入低层次价格竞争的泥潭。

　　业内专家指出，对于国内车市竞争最激烈的经济型轿车而言，提高性价比尤其重要。由于国内经济型汽车目前价位已与国际市场接轨，而生产远未形成规模，厂家的降价空间日渐缩小。因此，如何提高汽车质量和性能、减少汽车使用成本、提高汽车性价比等因素，将成为未来车市决胜的关键。

　　从专家的建议中可以看出，性价比对客户消费而言是多么的重要，是客户参考的一个最重要的指标。所以，想让自己的商品好卖，最重要的是提供质量好、价格合适的商品，拥有好的性价比，就不用担心消费者不上门了。

调动情绪，客户甘愿"上钩"

　　有的销售员经常抱怨没有客户，其实真正的客户就在我们身边。优秀的销售员接触到"准客户"不是一时冲动或者随意之举，而是他们能够在很短时间里就对客户的经济实力、性格特征和当下情绪状况作了简要分析，最后才确认这是一位很有潜力可挖的客户。这种察觉"微露情绪"的能力非常值得我们学习。

　　在销售场上察言观色，不只是说要观察对方的举止和小动作，对于对方的衣着、外貌、座驾、当时所处的环境等细节，你都要有所观察、分析。就像福尔摩斯能够根据别人身上的细节判断对方身份、所思所想一样，要想抓住客户的脉门，观察细节这一技巧我们也应该熟练运用。

客户喜欢新鲜感，产品介绍切忌千篇一律

精心准备你的产品说辞，让它呈现异彩纷呈，客户就更容易接纳你。在销售过程中，当确定了客户的需求后，销售员虽然可以针对这

些需求与客户进行交流，但是这还达不到销售沟通的目的，这就需要销售人员巧妙地变换自己的说辞，切忌不能够千篇一律。

销售过程中，销售员要做的重要的一个环节就是介绍产品。当销售人员像背诵课文一样介绍自己产品的相关信息时，假如千篇一律，习惯于一个套路的说辞，极易引起客户的反感，当他停止介绍希望从客户那里得到一些反馈信息的时候通常会发现，客户根本就没有开口说话的意思，他们唯一想说的就是"希望你立即离开"。可见，一套说辞对销售员来说有多么的重要。

产品是一样的产品，但经过你不一样的说辞介绍后，客户的反响是不一样的。销售是一种对客户需要的欲望的导向，正是由于这种导向，在"营销"时代这一特殊的时代中，打好"理念战""心理战"是完成销售的必经战役，这就要求我们对客户心理要有完善的把握，了解客户的需求，最大限度满足客户的需求，并且引导客户发现自己所没有发现的需求。精心准备多种产品的说辞，客户在获得新鲜感的同时更容易接纳你。

这是销售人员小张在每次约见客户时，都会说的话：

销售人员小张："你好，我是××公司的销售人员，这是我们公司新推出的产品，它坚固耐用、外形美观，十分适合你。"

客户："我们不需要这种产品。"

销售人员小张："你先看看产品资料好吗？"

客户："我现在非常忙，没有时间看你的产品，请你马上离开这里。"

平淡无奇的销售说辞只能是让自己陷入被动，上述销售说辞我们看起来是不是觉得非常熟悉呢？实际上，实现与客户互动的关键是要找到客户的切入点，从客户喜欢的切入点入手，然后再介绍产品那就相对容易了。

　　产品介绍平淡乏味，根源在于销售员自身。有些销售人员往往习惯于站在自己的立场上考虑问题，希望一股脑儿地把有关自己所销售产品的信息迅速灌输到客户的头脑当中，却根本不考虑客户的需求。这种完全着眼于自身愿望的销售沟通注定要经历很多波折，因为客户往往会打断你的销售，让你"立即离开"，即使客户允许你说完那段令人厌烦的开场白，你也不会在他心里留下什么印象的。

　　所以，在销售过程中，销售人员应该多思考"怎么样才能更直观地去把握客户的心理"，而不是仅仅凭经验或者想当然去做工作。由于客户心理本身是一个发展的、动态的过程，所以在销售中绝不可能只看销售业绩就自认为对客户心理已经有所了解。你可以尝试下述语言：

　　　　"猜猜看！"

　　　　"这是一个小秘密！"

　　　　"告诉您一件神秘的事！"

　　　　"今天我告诉您的事情是古往今来没有一个人告诉过您的。"

　　上述这些新颖的说话方式，就很能吸引客户。新颖的说话方式能博得客户对你和你的产品的好感，人都有一个喜新厌旧的心理倾向。在销售这种非常需要口才的行业里，假如你还整天一本正经、陈词滥调，会让人觉得莫名反感。多关注一些热门话题，学习一些文学修辞和心理学方面的知识会让你的销售如虎添翼。

　　在销售交往的过程中，销售人员经常需要准备多种销售说辞，有的是为自己准备，有的是为培训销售人员而准备，那么，一套真正有效的销售说辞应该是怎样得来的呢？

一、认真分析自己的产品。销售人员要把产品的各种属性都分析清楚，并且结合竞争对手的产品作相应比较，可以用"划格子"的方法，在一张表格里面，销售人员把自己的产品和竞争对手的产品放在一起，对各个方面进行比较，重点是客户关心的价格、功能、配置这些属性。只有把这些都搞清楚了以后，在实际工作中才能够做到知己知彼、扬长避短。

二、归纳总结出客户的利益点。对自己的产品分析之后，就要进行再次的提炼和总结，把产品特点转化为自身优势，进而转化为客户利益并找出实实在在的证明，这里的证明既有权威部门颁发的证书，也有实际验证的结果，还包括其他消费者使用产品的故事，讲故事尤其是一种打消疑虑的很有效的方法。

三、把握市场行情动向。整合市场行情的工作是很多销售人员往往最容易忽略的，可实际上，要在跟客户打交道的时候表现出自己的专业性，这是必不可少的一点。销售人员只有在对整个市场有了整体把握以后，在跟客户交流的时候才能够有撞击，迸发出思想的火花。

四、将经验落实到文字上。销售人员要把以上各个方面多作总结，深入分析之后落实成具体文字，你才真正有了自己的一套销售说辞，在与客户打交道的时候才会胸有成竹，兵来将挡，水来土掩，不慌不忙，应对自如，最终帮助自己达成销售的目标。

五、在实践中进行总结、调整。销售是实战功夫，只有不断地总结才能够不断地提高，尤其是与客户交流时候的情绪控制、语速语调、这些都是销售说辞编写中应该有而又难以把握的东西，这都需要在销售实战中不断地总结完善。

总之，销售员在与客户沟通的时候，一定要注意细节之处，不能只强调产品有多好，还要懂点心理学，会察言观色，研究客户的真实心理，用最适合客户口味的语言表达出来，让客户百听不厌，从而迎合客户的需求，达到签单销售的目的。

客户喜欢眼见为实的东西

俗话说得好，"耳听为虚，眼见为实"，由于客户心存戒备、疑虑心理，对销售员所介绍的产品没有足够的信任，但是，产品的实际效果在眼前展现出来的时候，也正是他疑虑消除的时候，签单购买就是水到渠成的事情了。

消费者普遍存有疑虑心理，对销售员的介绍将信将疑。疑虑心理作为一种思前顾后的购物心理动机，它的核心是怕"上当"、怕"吃亏"。客户在购买商品的过程中，对商品的质量、性能、功效总是持怀疑态度，怕不好使用，怕上当受骗，满脑子的疑虑。所以，他们总是会反复地向销售员询问，仔细地检查商品，并且非常关心售后服务工作，直到心中的疑虑解除后，最终才放心地掏钱购买。

"耳听为虚，眼见为实"这一朴实的话语可以说时常挂在人们嘴边，但能真正把这一看似简单的道理运用于销售活动中，并能以此取得佳绩，恐怕就绝非易事了。"耳听为虚"是宣传，不论销售员如何地说教、自夸，在没有实物根据面前很难让客户接受或认可。"眼见为实"，就是让效果说话，借助实实在在看得见摸得着的东西，让客户认可、认知、最终接受。

有一次沙依娜在家里正在忙的时候，有人敲门，开门一看，是一个搞推销的女孩子。

沙依娜见是个推销员，顿时热情大减，但是这个女孩受过专业的培训，她说："太太，你不买没有关系，我只是想让你知道，这种洗地毯的水已经在市场上销售了，你看一看，真的很不错。你们家的房子那么大，地毯很漂亮呀，看有没有脏的地方，我帮你去清洗清洗。"

沙依娜被她说得无话可说。为什么呢？第一，她给沙依娜讲，沙依娜可以不买，所以沙依娜的逆反心理消失了；第二，她和蔼的态度和亲切的表情让沙依娜没有办法拒绝她，也不忍心。

然后她再进一步展开攻势，她说沙依娜的地毯很漂亮，有些地方脏了，实在很可惜，并要帮忙清洗一下，沙依娜只好打开大门，让她进来。

"餐厅的地毯上有小孩洒的可乐水，你看看能不能帮我清洗掉？"沙依娜说。

她就把一点清洁剂倒在上面，然后用毛巾轻轻地一擦。啊！污点居然不见了，沙依娜也觉得很吃惊，认为这个产品确实不错，她就给沙依娜再进一步介绍产品优越的地方，结果沙依娜买了两瓶。

"神奇"的清洁剂的故事说明了客户由于戒备心理，对推销员的说辞不能很信服，但一旦真正见到实际效果，他们的购买欲望就会被激发。生活中，我们经常会遇见卖小商品的人，他们会一边演示一边做推销，结果收到的效果非常好，消费者常常是排着队踊跃购买。

美国有一个名叫斯坦巴克的犹太人，在做推销安全玻璃的销售员时，业绩一直都保持在整个北美地区的第一名。在一次顶尖销售员的颁奖大会上，主持人说："斯坦巴克先生，你是用什么特殊的方法让你的业绩维持顶尖的呢？"

斯坦巴克说："每次，当我要去见一个客户的时候，我的皮箱里面总是放了许多截成15公分见方的安全玻璃，我随身也带着一个铁锤子。每当我见到客户的时候，我就会问他：'你相不相信安全玻璃？'

客户说不相信的时候，我就把玻璃放在他们面前，拿锤子往桌上一敲。每当这时候，很多的客户都会为我的举动而吃惊，同时他们会发现玻璃真的没有碎裂。然后客户就会说：'啊，真是太神奇了。'这时候我问他们：'您想买多少？'直接进行缔结成交的步骤，而整个过程花费的时间还不到1分钟。"

当斯坦巴克讲完这个故事不久，几乎所有销售安全玻璃公司的销售员出去拜访客户的时候，都会随身携带安全玻璃样品以及一个小锤子。

但经过一段时间，他们发现斯坦巴克的业绩仍然维持第一名，都觉得不可理解。而在另一个颁奖大会上，主持人又问："我们现在都在效仿你做同一件事，为什么你的业绩仍然维持第一呢？"

斯坦巴克笑了笑，然后说道："原因很简单，我早就知道你们会效仿我的做法，所以自那以后我到客户那里，当他们说不相信的时候，便把玻璃放到他们的面前，把锤子递过去，让他们自己来砸。"

"体验销售"就是让客户亲自参与到产品的功能中来，销售员斯坦巴克很好地利用了这一点，成就了自己的销售业绩。演示和体验都能促成你的签单，何乐而不为呢？

加上产品演示和产品体验，销售员的推销也是成就销售的重要一环。有的销售员认为，销售就是一个倾诉信息，让对方接受销售的过程。不说服客户，客户怎么会买东西？对沉默型的客户我们要靠说服来推销；对话多型的客户，我们也同样要说服他们才可以。

而且，客户越是话多，我们就越要能说。其实，这存在一个误区。因为我们的最终目标不是说服对方，销售也不是辩论赛，只有让对方心甘情愿地买下你的商品，那才是最终目的。说服只是技巧，而不是必要。对话多型客户，我们不但不能多说，还要少说，倾听才是销售员最需要做的。

客户喜欢眼见为实的东西，但我们不能时时去演示产品，关键一点还在于沟通上。我们知道，销售是一个对沟通有极高要求的过程。买卖双方只有沟通好了，心情愉悦了，买卖才能做成。而在这一过程中，很明显应该是以你的客户为主要满足对象的。毕竟，"顾客是上帝"绝不是一句空话。客户想倾诉，想唠叨，你应该怎么做？专注倾听可以使对方在心理上得到极大满足，这样你的生意才可能做成。不然，你打断客户的话，然后你说得很愉快，对方心里却很郁闷，连到手的订单都有可能违约。

适应客户的逆反心理才能成功

销售员在向客户推销商品的时候，一方面要避免引起客户的逆反心理，使之拒绝购买自己的商品；另一方面，还要学会刺激客户的逆反心理，引发客户的好奇心理，让客户产生强烈的购买欲望，使你能够销售出更多的产品。

如果销售员不懂得客户的逆反心理，在销售的过程中，总是只顾自己滔滔不绝地介绍，而不顾客户的感受，结果只能是一次又一次地遭受到客户的拒绝，所以，销售员只有适应客户的逆反心理才能成功。

心理学这样说，逆反心理指的是人们彼此之间为了维护自尊，而对对方的要求采取相反的态度和言行的一种心理状态。逆反心理是一种普遍的、常见的心理现象，广泛存在于人类生活的各个领域和层面，当然也同样存在于消费者的消费活动中。许多客户在购买产品时会表现出一定的逆反心理，比如，销售员越是苦口婆心地把某个商品推荐给客户，客户就越会拒绝，这在销售活动中是十分常见的现象。

还比如客户的欲望被禁止得越强烈，他们内心所产生的抗拒心理就越大。销售员越说好的产品，客户越看不起，这种与常理背道而驰，以反常的心理状态来显示自己的"高明""非凡"的行为，常常来自于客户的"逆反心理"。

布希耐是美国艾士隆公司的董事长，他在一次效外散步途中，偶然看到几个儿童在玩一只肮脏并且非常丑陋的昆虫，并且对其爱不释手。布希耐突发异想：市面上销售的玩具一般都是形象优美的，如果生产一些丑陋玩具，又将怎么样呢？

事不宜迟，他让自己的公司研制一套"丑陋玩具"，并迅速推向市场。结果一炮打响，"丑陋玩具"给艾士隆公司带来了巨大收益，并使同行们也受到了启发，于是"丑陋玩具"接踵而来：如"疯球"，就是一串小球上面，印上许多丑陋不堪的面孔；又如橡皮做的"粗鲁陋夫"，长着枯黄的头发、绿色的皮肤和一双鼓胀且带血丝的眼睛，眨眼时发出非常难听的声音。这些丑陋玩具的售价虽然超过正常玩具，却一直畅销不衰，而且在美国掀起了一场"丑陋玩具"的热潮。

布希耐获得销售的成功主要就是抓住人们不合常规的逆反心理，把"丑陋玩具"的创意推向了市场。掌握客户逆反心理的来由，是销售员与客户顺利进行感情交流的前提。只有彻底了解了客户产生逆反的原因，才能在与客户的沟通中巧妙应对。

很多客户都存在一定的逆反心理。销售员向客户推荐某种产品的劲头越大，客户越是表现得小心谨慎；销售员越是真诚热情，客户越是表现得爱答不理。而越是不出售的产品，客户越想得到，正所谓"牵着不走打着倒退"，说的就是这种现象。那么从销售员自身来说，要学会不按常规出牌，迎合客户的逆反心理，借助客户的逆反达到销售的目的。

一、想法将客户的逆反心理降低

尽量压缩不必要的陈述。销售员的陈述会给客户制造产生逆反心理的机会，因为销售员的陈述通常都是告诉客户一个观点和立场，这很容易让客户提出反对意见。对策是向客户提出问题，从而减少陈述的出现，用问题引导客户，让销售工作顺利进行。

从客户的角度去思考。销售员可以在和客户的沟通中，把自己放在客户的位置上想问题，试想一下：如果我是客户，对某种观点会存在哪些分歧。然后在交谈中事先把逆反分歧说出来，让对方无话可说。

提高在客户心中的可信度。销售员在客户心目中的可信度越高，就越能缓解客户的抵制心理，客户的态度也就越积极。

二、自贬自己的产品

俗话说："王婆卖瓜，自卖自夸，"卖瓜的都说自己的瓜甜。可是在应对存在逆反心理的客户时，可以适当采用贬低自己产品的方式。例如，一个手表的"扬短"广告，声称该表走时不太准确，一天慢24秒，请顾客买时考虑。谁又会在乎一天的24秒，相反，却吸引了很多人都注意。

客户的逆反情绪会让他们产生"你越自夸，我越不信；你越说不好，我越信你"的心理。销售员要适应客户不断变化的心理状况，用固定不变的方式去销售只会让客户产生心理疲倦。"质量可靠、实行三包、享誉全球"，客户对这样的话听多了，并不觉得有什么稀奇。而一些违背常理的销售手段，往往能吸引那些心理逆反的客户。

三、打出限量购买的幌子

一些产品登上"每人限购一件"等类似的广告字样，他们利用客户的逆反心理，吸引客户的注意，无形中勾起了客户的购买欲望。很多客户看到促销广告后，会认为产品数量不多了，非要多买几件，过后还为自己没被销售员发现而暗自窃喜。还有些客户本来只想买一件的，看到广告也要多买。这种限制客户购买数量的方式，会大大激起客户的逆反心理，于无形中提高销售业绩。

四、虚心向客户请教

假如销售员说一句、客户顶一句，那你不妨停止陈述，反过来请教客户。运用顾客的逆反心理，由推销产品改为拜师学艺，从而满足客户的虚荣心，使客户内心舒畅。这样一来，客户常常会反过来一面指导你，一面给你打气，交易很可能就会在这种情况下完成。

销售员不应惧怕客户的逆反心理，而是要积极地加以引导。客户的好奇心能克服他们的逆反心理，从而把注意力转移到对产品和服务的了解上，同时活跃交谈的气氛。这是销售员引导客户进行有效沟通的最佳途径之一。

越稀有越值得拥有

著名心理学家罗伯特·恰尔蒂尼说过："对于那些稀有的物品，人类有一种本能的占有欲。"确实是，几乎每个人都有这样一种心理，渴望占有那些稀有物品，对于那些物品，越是得不到就越想要，就越觉得它好。

销售人员最喜欢亮出"物以稀为贵"这块招牌，总是强调"存货不多，赶快买进吧！""抓紧时间！限时特供"之类的话。聪明的人们都明白，强调对损失的恐惧比强调收益更能见效。借助资源的稀有性，销售员就大有文章可做。

加利福尼亚大学的专家们通过调研发现：假如一个节省能源的产品计划传达的信息是"每天少损失五毛钱"，而非"每天省五毛钱"，那么一家之主们十分乐意去接受它。假如我们要给公司管理层报一个 10 万元的成本节省计划，如果你表达的含义是"避免 10 万元的损失"，你的计划肯定更容易通过。这就说明，人们更看重稀有性的资源。

"物以稀为贵"刺激客户产生担心错过的心理，受此影响，销售员的业务也会出奇的好。物以稀为贵也是心理学中一个非常重要的原理，即稀缺原理。制造短缺甚至是稀缺的假象可以极大地影响他人的行为。

客户更重视价值，稀缺资源就是价值所在。稀缺产生价值。当一样东西非常稀少或开始变得稀少的时候它就会变得更有价值，简单说就是"机会越少价值就越高"。从心理学的角度看这反映了人们的一种深层的心理，因为稀缺所以害怕失去，"可能会失去"的想法在人们的决策过程中发挥着重要的作用。心理学家研究发现，在人们的心目中，害怕失去某种东西的想法对人们的激励作用通常比希望得到同等价值的东西的想法作用更大。这也是稀缺原理能够发挥作用的原因所在。

在商业与销售方面，人们的这种心理表现就特别明显。比如，商家经常会隔三岔五地搞一些促销活动打出"全场产品一律五折仅售三天""于本店消费的前 10 名客户享受买一送一"等标语，它的直接结果就是让很多消费者听到这样的消息都会争先恐后地跑去抢购。因为在消费者心中"机不可失，失不再来"对他们的心理刺激是最大的，商家利用的就是客户的这种担心错过的心理来吸引客户前来购买和消费。

有一家仿古瓷厂生产的瓷瓶做工非常精细，但是只定价 500 元一个，这家工厂的直销店里摆了许多，却一个也没有卖出去。

后来，有人给店主出主意，让他每种款式只摆一个出来，其他的全部收起来，价格则从 500 元涨到 5000 元。

不久，一个外国人看上了其中一种款式的瓷瓶，可是外国人想要一对。经理说："本店只有一个。"结果，这个外国人不仅没有因为只有一个而放弃购买，反而马上掏钱买了下来。第二天，还带了一位想要购买瓷瓶的朋友来，还一个劲儿地向朋友介绍说："这个店的瓷瓶做工很好，而且每款只有一个，想买一定要趁早。"

客户急于与你签单，原因是看重了产品的稀缺性。由上述故事可知，在市场销售过程中，销售人员完全可以将"物以稀为贵"这一招式用上。现代经济学指出：当产品的供应小于客户的需求时，价格上涨、消费者争相购买；当供应大于需求时，市场销售价格下跌、产品滞销。也就是人们所说的"物以稀为贵"。就像"北京的白菜在当地只卖二三毛钱一斤，可是一旦运往浙江，用红头绳系住菜根，倒挂在水果店头，尊为'胶菜'却十分昂贵；福建野生的芦荟在当地就如同野草一般不值钱，但是北方稀有，北京人叫它'龙舌兰'，销售价格也很高"。

曾有这样一个调查研究：商店将味道一样、形状不同的巧克力曲奇饼从不同的罐子里拿出来供顾客免费品尝：一个罐子是满满的；一个罐子快空了，里面的曲奇饼所剩无几。结果，大多数顾客都认为从快空的罐子里取出来的奇饼更好吃。由此可见，人们总是认为稀有的东西更好、更值得自己拥有。

意大利著名的赖尔商店之所以能够一直将商品卖得风生水起，就在于他们抓住了顾客"物以稀为贵"的心理。他们采用一种独次销售法。所有的商品都仅出售一次，即使是热销的东西也是如此。你也许会觉得这样会损失许多利润，但是实际上，因为商品太抢手，赖尔商店获得了更大的利润。

因此，当你进行销售的时候，千万不能告诉顾客："我们这货太多了，您随便挑。"这样会让顾客认为东西不好，也不值得他花钱购买。相反，如果你传递给顾客"存货不多""限时特供"等信息，顾客就会将你的产品视为稀有物品。其购买欲望也会大大增加。

身为销售人员，不妨好好地利用一下人类的这个普遍心理。人们往往对那些得不到的稀有的产品兴趣比较大，越买不到，就越想得到。你完全可以抓住客户"怕买不到"的心理，让你的产品"稀有化"，借此吸引消费者的眼球。例如，你可以对顾客说："这款衣服卖得很好，而且货源又比较紧缺，短期内恐怕无法再进货了，这是最后一件，您要不买恐怕以后真买不到了。"一般来说，只要对方对这件衣服感兴趣，就会"很听话地"买下来，因为他怕失去购买这个"稀罕物"的机会。

客户不会喜欢你的愁眉苦脸

热情、乐观是销售员取得成功的必备条件。对于售销员来说，它的积极作用就是在无论什么情况下，即使业绩很不理想仍保持良好的心态和工作热情，相信逆境总会过去，相信成功总会到来，在经历无数次的失败之后仍相信再坚持一下订单就会属于自己的。客户受到你的感染，同样会认为你的产品是最棒的！

销售员要以开朗的笑容、积极乐观的态度，去感染客户，因为没有哪个客户喜欢愁眉苦脸的销售员。高明的销售员从不强迫客户购买商品，从不带给客户压力。他们会尊重客户，时刻站在客户的立场照顾客户的一切需要。

你相信自己，才能让客户相信你。乐观是自信的源泉，是坚持的依据，是奋斗的希望，是销售员成长的精神动力。乐观的对立面，是悲观绝望、沮丧、忧郁、后悔、自责、怨天尤人等，这会带给销售员无尽的苦难。

销售员的乐观体现在他们不会以微小的业绩而得意忘形，不因工作的挫折困难而悲观绝望，不因客户的拒绝而垂头丧气，不因完不成任务而怨天尤人。乐观的作用是让他们在逆境中看到希望，从而振奋精神，找到正确的方法和途径走向成功。

一家公司的两名销售员同时去一家超市推销产品，小王看到这家超市已经有很多的同类产品，商品卖得相当好而且利润比自己的高，即认为该店此类产品已经饱和，很难说服老板进货，即使进了货也不一定好卖；另一个销售员小李也看到这家超市同类产品很多，小李认为这也同时证明了该店的此类产品销售较旺，有很大的开发潜力。经了解该店销售最好的是××品牌，自己的产品相对××虽有差距但也有着独特的优势，于是小李用尽浑身解数说服了超市老板进货，同时针对××产品制定了相应的促销政策，不久这家超市成了公司的样板店。

积极的思考让销售员小李赢得了业绩，而消极的想法让小王错失了一个大的机遇。乐观不仅体现在心态上，还体现在行为上。对客户应当理解和尊重，比如"您说的话很有道理，我非常理解您。""如果我是您，我一定与您的想法相同。""谢谢您听我谈了这么多。"

乐观是销售员的一种最为积极的性格因素。他们在面对挫折和逆境之时相信事物总会向着对自己有利的方向发展。比如说，经常听到业绩不好的销售朋友们这样说，竞争对手的营销活动做得太强势了，我们根本一点机会都没有；制定这么高的销售指标，怎么可能完呢；真发愁啊，这个月的任务看来完不成了；这个产品价格如此高，根本就推销不出去嘛；完不成任务，就拿不到奖金，只有一点工资这个月可怎么过啊！诸如此类的话语，只能是让销售员内心更加消极。

销售员的心态是否乐观与其业绩有决定性的关系。当你设定本月销售任务100万，快到月底了，你完成了60万。最乐观的销售员会认为已经成功了一多半，决定要更加努力决不放弃，并改进工作计划并积极去执行；最乐观的销售对于完成任务已经不抱什么希望，但又希望奇迹出现，也会去想一些方法"尽人事而听天命"，但缺少执行的毅力和面对竞争的勇气；最悲观的销售员则会宣布放弃。

热情、乐观会让你的客户对你产生好感，销售员可从获得好感入手，逐步建立客户对你的信任，直到建立起一种可靠的关系，这才是销售的终极目标。可能你已经在心中为热情留了一个小小的空间，只是还不足以去让客户感受到，对于一个胸怀大志的人来说，这是远远不够的，必须要进一步增加自己的热情，你不妨试试以下建议：

一、做事要充满热情

你对你所从事的销售工作是否有热情或者是否感兴趣，会很自然地在你的行动上表现出来。你跟客户握手时要有力，同时说："很荣幸能认识您。"而那些畏畏缩缩的握手方式还不如不握，它只会让人觉得你是个死气沉沉的人，从而丧失好感。

假如你的微笑能够活泼一点的话，将更能表现出你的热情。当你对别人说"谢谢"的时候，要真心实意，言必由衷。你表达的"早上好！"要让人觉得很舒服，你表达的"恭喜你！"要发自肺腑，你说"你好吗"时的语气要充满了深切的关怀。在你的言辞中能自然而然地渗入真诚的情感，你就拥有了引人注意的能力了。

建议你运用这样一个心理暗示，每天都对自己说："我要变得热情！"并让这个自我激励深入到潜意识中去。当你在奋斗过程中精神不振的时候，这样的潜意识就会引导你采取热情的行动，变消极为积极，焕发奋斗的活力。

二、经常传达好消息

尝试经常性地给客户传达好的消息，在生活中也要尽量把好消息带给家人分享，尽量讨论有趣的事情，同时把不愉快的事情抛在脑后。也就是说，只散布好消息，多多鼓励他们，每一个场合都夸奖他们。要知道，优秀的销售员擅长于传播好消息，每个月都去拜访自己的客户，把好消息带给客户。随着时间的积累，客户也乐于见到你，因为见到你仿佛就是见到好消息了。

三、用希望来激励自己

激励能够产生巨大的热情和动力，销售员激励自己和他人，是发动一种行为以求产生特定成效的力量。激励的结果是产生一种动机，再由这种动机推动人产生行动。销售员必须在自己的职业生涯中，始终怀着不灭的希望，始终盯住目标、不忘方向。

我们要知道，最优秀的销售员不是技能特别出众的"天才"，而是长期保持着热情和乐观的态度的人。他们从不懒惰和懈怠，是能将如火的热情贯彻始终的人。秉持乐观的态度，不论是谁问起你，如"最近身体可好？""事业还好吧！"他都必须给予正确而肯定的答复，让自己看起来神采奕奕，同时也能传达给他人一种良好的刺激，创造出一种成交的氛围。

客户生气你不气

"客户生气你不气，忍让与业绩成正比。"销售员要想做好销售，必须学会忍耐。培养这种能力是很重要的，销售员既要在心理素质上具备这种能力，又要在工作当中具备这种能力。这是成为一名优秀销售人员必须具备的基本能力。

销售工作并非是一帆风顺的，销售员经常会面对客户生气的神情。推销工作包括重要日常事务和各种突发事件。作为销售员，有时觉得好像活在天堂，有时又觉得仿佛身在地狱。刚才还在和上一位客户热情地交谈，此刻却吃了下一位客户的"闭门羹"。不论是谁，当销售遇到阻碍时，心里一定很窝火，为了发泄心中的不快，有时难免发几句牢骚，甚至气愤地大骂，或是摔打东西。而这样的后果，往往是导致自己心情更糟糕，说得严重一点，这样的脾气将会让你的销售事业提前终结。因此，销售员务必要学会控制自己的情绪，客户生气的时候自己不要生气，要学会忍耐。

理性处理自己的情绪，工作才得以顺利开展。人们在控制自己的情绪方面，非常容易走极端，有的是消极悲观、妄自菲薄，有的是盲目自大、自以为是。这些情绪出现在销售工作中都是非常有害的。妄自菲薄只能让销售员陷入沉沦的泥潭，盲目自大则会让销售员滑向失败的深渊。

客户生气的时候，我们不妨暂缓一下工作，让客户气消了，我们再去作解释和开展工作，效果也许会好些。反之，客户生气时，销售员也发无明火，生气的举动只能让客户关系更加糟糕，严重影响你的销售效果。

日本"推销之神"原一平刚进入保险公司，就向一家大型汽车公司推销企业保险，可是听说那家公司一直以不参加企业保险为原则，无论哪个销售人员，都没能打动公司总务部长的心。而原一平连续两个月去拜访这位总务部长，从没有间断过，最终总务部长被原一平的这种精神打动了，决定见他一面，但要看一下他的销售方案，但没想到他只看了一半，就对原一平说："这种方案，绝对不行！"原一平回去后对方案进行了反复的修改。

第二天，他又去拜访总务部长。可是，这位部长却冷淡地说："这样的方案，无论你制订多少都没用，因为我们公司有不参加保险的原则。"原一平气往上冲，对方说昨天的方案不行，自己熬夜重新制订方案，可现在又说拿多少来都没用，这不是在戏弄人吗？但是，他转念一想，我的目的是推销保险，对方有所需，自己的保险对其有百利而无一害，这单生意完全有可能成交。于是，原一平冷静下来，说了声：

"再见！"就告辞了。从此以后，他仍坚持游说这位部长，一天又一天，一次又一次……终于，原一平凭着自己的忍耐力，促使对方签订了企业保险合同。

原一平的忍耐和处理客户生气情绪的方式，最终让他练就了超强的心理素质，也最终赢得了客户的赞赏，赢得了业绩。一般来说，销售员在与客户交往时，要有一种自控、忍让的能力和观念，但这决不意味着放弃和退缩。要做到既忍让又不失原则，就必须做到反应灵敏，事先多制订几个方案，做到有备无患。在客户生气的时候，我们就能灵活应对。

那么，作为一名渴望获得成功的销售员，当我们遭遇客户生气或谩骂的境遇时，我们究竟怎么做才能控制自己的情绪呢？

一、提醒自己将情绪化降到最低

遇到客户生气，不妨先自我鼓励。比如，非常畏惧即将去拜访的客户，我们可以告诉自己："我害怕拜访那位刁钻的客户，但是我会努力做好的。"当我们自我鼓励时，就表明我们承认自己有情绪，同时自己要努力调整好情绪。这时我们会发现，害怕刁钻客户的情绪消失得无影无踪了。

二、设法平息内心的波澜

对于销售员来说，拜访那些难缠的客户难免情绪激动，通过转移注意力可达到这一目的。比如，可以翻阅杂志或相册，从而使头脑保持镇静；也可以把注意力集中在一个比较中意或崇拜的人身上；或者花几分钟时间回忆一下开心的往事；还可以在脑海中构思美好的明天。另外，还可以借助音乐来调节情绪。

所以，销售员在客户面前应努力驾驭自己的情感，控制自己的脾气，即使是客户大发雷霆，自己也要克制自己的情绪。努力克服自己习以为常的行为习惯，征服自己的动机与意念。优秀的销售人员之所以优秀，就是因为他们都能驾驭自己的情感。如果说生活的前沿阵地上，我们面对的是失败、挫折等形形色色的客观敌人，那么在后方，我们面对的却是主观上的敌人，那就是脾气。你也许从小到大都认为，自己的情感是无法选择和控制的。然而作为一心渴望成功的销售员，被批评、拒绝，被指责、被误会在所难免，总有好多事情让你不由自主地气愤、忧愁、愤怒。这是由销售人员这个职业的特点决定的。假如你想在销售上取得成功，那就必须做到"忍字当头"，冷静处理种种事端，包括应对客户的生气。

客户不甘心接受你的强迫

在销售的过程中，需要双方坐下来真诚地谈判，你的语势逼人只能让客户望而却步。只有在和谐的氛围中，才会取得好的结果。在交流中，销售员要对客户表示出足够的理解和尊重，消除客户的抵触和怀疑情绪，让彼此的情感升级，从陌生人变成朋友，这样彼此才会更加顺利地完成签单。

我们在日常销售活动中并不少见这样一个场景，客户常常会一下子拿起很多种产品的介绍单，然后拿着它们比来比去。销售员会想，这些客户真的很懂行吗？从外表上看是的，可认真思考，我们就会发现，他们要么不懂行，要么就是没有作准备——最起码他没有想清楚自己到底需要一种什么样的产品。此时，销售员的咄咄逼人，只能是将客户推向你的竞争对手。

对产品熟悉的客户不会受销售员推销的"强迫"，他们往往已经认定了某种产品和价格。相信有丰富经验的销售人员都有这种感觉，一进门直接问有没有哪种产品，甚至连这种产品的型号都可以轻松报出来的客户，往往是最不好"对付"的。因为这些举动意味着，他在前来购买商品之前已经做了充分的准备。类似产品的比较，对产品价格的调查……这种生意很好做，只要你有产品就能成交。但对于某些想靠转移客户注意力，"忽悠"他们购买高利润产品的销售员来说就很困难了。

与这类客户相比，拿着宣传单比来比去的客户就显得很没有准备，也直接反映出他的心态：犹豫不决。这时候，这类客户更需要的是专业人士的专业支持。或者换句话说，他们需要销售员帮其拿主意。这对许多销售人员来说，正是一个成交的好机会。当然，为了以后合作长久，去蒙骗客户是不对的。但运用自己小小的主导权，实现双方最满意的合作还是很有可能的。可是，引导的过程中不能有强迫购买的意思，否则你的销售就会功亏一篑。

　　"您好！我是国民第一保险公司的推销员。"布拉德利说。

　　"哦，推销保险的。"客户应道。

　　"您误会了，我的任务是宣传保险，如果您有兴趣的话，我可以义务为您介绍一些保险知识。"布拉德利说。

　　"是这样，请进。"客户说。

　　布拉德利初战告捷。在接下来的谈话中，他像是叙说家常一样，向客户详细介绍了有关保险的全部知识，并将参加保险的利益以及买保险的手续有机地穿插在介绍中。

　　最后，布拉德利说："希望通过我的介绍能让您对保险有所了解，如果您还有什么不明白的地方，请随时与我联系。"说着布拉德利就递上了自己的名片，直到告辞也只字未提动员客户买他的保险的话。但是到了第二天，客户便主动给布拉德利打电话，请他帮忙买一份保险。

布拉德利成功了，一个月卖出的保险单最多时达 150 份。

"强迫"销售只能让你的销售迅速灭亡，而积极询问引导则会让你快速签单。销售活动说到底就是建立人与人之间的关系，而销售人员同客户之间的关系并不是有些人想象的那样是对立的，其实只要把握好，两者应该是双赢、互利的关系。因此在销售的过程中，销售人员要学会像对待朋友那样对待客户，从长远发展的角度考虑，让双方的关系更加融洽。

让客户跟着我们的思路走，提问是有效的方法。借助直接性提问去发现客户的需求与要求时，往往发现客户会产生抗拒而不是坦诚相告。所以，提问一定要以有技巧、巧妙、不伤害客户感情为原则。销售员可以提出几个经过精心选择的问题，有礼貌地询问客户，再加上有技巧地介绍产品和对客户进行赞美，以引导客户充分表达他们自身的真实想法。在询问时有 3 个原则要遵循：

一、不要单方面地一味询问。经验不多的销售员常常犯一个错误，就是过多地询问客户一些不太重要的问题或是接连不断地提问题，让客户有种"强迫购买""被调查"的不良感觉，从而对销售员产生反感而不配合你的销售工作。

二、询问与产品提示要交替进行。由于"产品提示"和"询问"就好像是自行车上的两个轮子，共同推动着销售工作，销售员可以运用这种方式渐渐地往下探寻，就肯定能掌握客户的真正需求。

三、询问引导要循序渐进。销售员可以从比较简单的问题着手，比如"请问，你买这种药是给谁用的？"或"你想买瓶装的还是盒装的？"然后通过客户的表情和回答来观察判断是否需要再有选择地提一些深入的问题，逐渐地从一般性讨论缩小到购买核心，问到较敏感的问题时，销售员可以稍微移开视线并轻松自如地观察客户的表现与反应。

在很多销售员的印象里，与客户谈生意就是为了赚钱，不必考虑太多，因此在有些时候，双方可以为一点点利益而拼得你死我活。实际上，这是极不明智的做法，因为相互争斗不仅会伤了和气，还会导致两败俱伤，不仅做不成生意，甚至还会结仇。而友好的商谈则正好相反，它可以让双方免除"强迫购买"的不良影响，在和谐的气氛中构建良好的合作关系。

突出功能性，让客户觉得"值"

客户对"利"的需求是首要的需求。人们往往有这样的思维误区，即把客户对"利"的需求片面地理解为买便宜东西，买价格低的商品。其实，"利"并不仅指形式上的价格低廉，而是指物有所值，物超所值。目前，许多商家为了满足客户对"利"的需求，拼命地打折促销，打来打去，即使货卖出去了，也没有赚多少钱，丢掉的不仅是利润，甚至可能是信誉。等到扛不住的时候，也只好关门谢客了。

何为"物有所值、物超所值"呢？就是客户的心理比较优势，客户在购买商品时，心里感觉付出的价款值得。比如，同样的一件衣服，放在自由市场里卖，100元人们嫌贵，放在高档的大商场里卖300元，人们也许认为便宜。因为大商场附加了许多自由市场不可能附加的服务内容，如购物环境、可靠程度、信誉度、服务质量以及心理上的感觉等，而这些本身就是有价值的。尤其在当今物质满足程度较高的情况下，这些物质以外的满足更重要。所以"利"不是简单的价格低廉，而是客户在主观上认为物有所值、物超所值；是客户在权衡比较一番后愿意付出的价款。当然，要满足客户对利的需求，使客户感到物有所值、物超所值，就要突出产品的功能。

在销售时，应避免直接进入产品，片面强调产品的本身如质量、外观等，因为消费者之所以购买，并不是因为产品质量好，外观漂亮，而是因为他有着某种需求。因此，这时应重点推销核心产品部分，即推销产品的功能，要强调消费者购买这一产品后所能得到的满足。这样才能引起客户的注意和兴趣，激起他的购买欲望，为最终成交打基础。有些企业现在十分重视这一点。如有个化妆品公司就要求其推销员接受"我们在工厂中生产的是化妆品，但我们销售的是美貌"这一观念，这就是在教导他们在推销时要注重产品的功能推销，要从产品功能与需求满足这方面来寻求推销的突破口。

一对年轻夫妇在苏宁重装开业的时候逛商场，促销员远远就看见他们在看 MD 电磁炉，而且是 MD 的特价机，但不知为什么原因没买。

走到 SP 柜台前，那妇女说苏泊尔的也不错。

促销员马上接话说："对呀，了解一下吧，不用看其他的，你看一下苏泊尔的赠品就知道了。"

"你看这黄色的铁搪瓷汤锅，没有一个牌子的电磁炉会送给您的，那他们做不出来还买不起吗？为什么他们不敢送，因为他们的电磁炉受热不均匀，用不了多久铁搪瓷会掉的；SP 电磁炉就不一样了，传热均匀，可以放心地使用，是吧。多用富含铁元素的锅，尤其对女性身体好，补血；价格也不贵，399 元还有 SP 原装的汤锅炒锅送，要一个吧。"

男士转头悄悄问女士："那就要这个吧？"

女士微笑默认。

客户只关注电磁炉，说明客户购买目的很明确，不是盲目购买；同时客户关注的是特价机，说明客户是属于追求实用、物超所值、购买力有限的客户。这是客户的理性需求。

这种类型的客户，以追求商品的使用价值为主要目的，特别注重商品的实用功能和质量，讲究经济实惠和经久耐用。

所以，导购员的介绍方向是电磁炉的功能和质量。但在这里存在问题，对于电磁炉这种产品来说，特价机产品同质化严重，大部分品牌特价机差异很小。所以导购员就调整了方向，从赠品的独特性作为切入点，而避开了特价机同质化的问题。

赠品，也是客户所买商品的一个组成部分，对于有些贪图小便宜的客户，往往是"买椟还珠"，在众多品牌商品的比较中，把赠品数量多少当做一个比较重点。再加上一些买赠力度比较大的商家助推，导致有些客户对赠品的关心超过了对所买商品的关心。

但对于一些理性消费者来说，他们更看重赠品的耐用性、实用性、匹配性。案例中的客户是属于理性客户，所以案例中的导购员在介绍的过程中，对赠品的各种优越性进行了详细的阐述。在阐述的过程中，也不经意地打击了竞争产品。

销售人员在销售产品时要正确评价产品的功能、价值、质量。掌握分寸，进退有度，任何话说过了头，都会起到相反的作用。推销员只有掌握好语言的分寸，才能使表达逼近真实，从而使客户产生信任感。语言过于直白，缺乏感染力；过于夸张，容易使消费者产生逆反心理，在直白与夸张之间掌握一个度，就是语言的分寸艺术。

要让客户明白产品的特别之处，宜言简意赅，突出重点，而不要长篇大论，词不达意，甚至表错情，说了半天客户还不知道你的产品有什么功效。在突出产品性能时，一是注意加强语气，注意声调；二是注意选择适当词汇，最好是选择有鲜明感的词汇。这样才能很好地辅助产品的销售。